COLECCIÓN POPULAR

551

LA BANDERA MEXICANA:
BREVE HISTORIA DE SU FORMACIÓN Y SIMBOLISMO

ENRIQUE FLORESCANO

LA BANDERA MEXICANA: BREVE HISTORIA DE SU FORMACIÓN Y SIMBOLISMO

COLECCIÓN

POPULAR

FONDO DE CULTURA ECONÓMICA

MÉXICO

Primera edición,   1998
  Segunda reimpresión,   1999

El *collage* de la portada se formó con fotografías
tomadas de *La bandera de México,* 1985,
y Marta Terán, 1995.

D. R. © 1998, Fondo de Cultura Económica
Carretera Picacho-Ajusco, 227; 14200 México D. F.

ISBN 968-16-5330-0

Impreso en México

RECONOCIMIENTOS

Este ensayo fue elaborado durante mi estancia en el Getty Center for the History of Art and the Humanities como Getty Scholar 1995-1996. Durante esos meses disfruté del apoyo y la compañía de Salvatore Settis, Carol y Thomas Reese, Valerio Valeri, Lorissa y Francis Haskell, Annie y Alain Schnapp, Pratapaditya Pal, María Luisa Catoni, Gretchen Trevisan y Paul Holdengraber. Agradezco a María Teresa Suárez y Marta Terán las valiosas sugerencias iconográficas que me proporcionaron, y el apoyo que me brindó Cristina Cuevas-Wolf. También expreso mi reconocimiento a Robert Walker, D. Jobbe Benjamin y John Kiffe, del Visual Media Service del Getty Center, y a Alberto Ríos, por las numerosas fotografías que tomaron para ilustrar este ensayo. Los primeros borradores fueron objeto de críticas y sugerencias por parte de Virginia Armella de Aspe, José Joaquín Blanco, Felipe Castro Gutiérrez, general Enrique Cervantes Aguirre, Nicole Giron, Jorge González Angulo, Doris Heyden, Eugenia Huerta, Josefina MacGregor, Constantino Reyes Valerio, Antonio Saborit, Juan Pedro Viqueira y Sergio Zaldívar, a quienes les agradezco su lectura cuidadosa y sus propuestas para mejorarlo.

7

Rafael Tovar y de Teresa, presidente del Consejo Nacional para la Cultura y las Artes, me brindó su apoyo para llevar a buen fin esta investigación e incorporar la rica iconografía que conservan los archivos de esa institución. Patricia Sámano puso en limpio las innumerables versiones que precedieron a este ensayo. A todos ellos repito mi agradecimiento.

A Isaac Masri

Hay ideas perdurables, capaces de resistir aun la destrucción de la cultura en la que nacieron y se nutrieron. Cuando los hombres que labraron la tierra y construyeron la ciudad han desaparecido, y cuando esta misma yace bajo los cimientos de la metrópoli que construyeron los conquistadores, los símbolos siguen viviendo y nos transmiten, hoy como antes, sus enseñanzas.

ALFONSO CASO, "El águila y el nopal", p. 95.

INTRODUCCIÓN

Los países suelen tener una bandera que representa la unidad, la independencia o los valores nacionales más estimados. Cada bandera expresa esos valores con un simbolismo propio, inconfundible, y les confiere la representación de la identidad nacional. Lo distintivo de la bandera mexicana es que en su hechura participaron tres tradiciones diferentes: la indígena, la herencia religiosa hispánica y colonial, y la tradición liberal que propuso fundar estados autónomos y soberanos.

Aun cuando parezca extraño, no disponemos de estudios que consideren históricamente los símbolos que se integraron en la bandera nacional, e ignoramos cómo éstos se combinaron y unieron a lo largo de más de cinco siglos. En este ensayo me propuse recoger los orígenes remotos de ese emblema y considerar los vínculos entre el escudo indígena y los símbolos religiosos que en la época colonial construyeron nuevas identidades en la mezclada población de ese tiempo. Como se advierte en la última parte, los emblemas más antiguos chocaron y se fundieron con los símbolos políticos que introdujeron el pensamiento liberal y la Revolución francesa para representar la novedad política

11

de los estados nacionales. De ese largo proceso de choque y fusión de símbolos de identidad surgió la actual bandera mexicana. Las páginas que siguen intentan una interpretación de la alquimia histórica que unió a esas tradiciones divergentes y creó un símbolo nacional mestizo. Como podrá advertir el lector, el número y la variedad de imágenes plásticas que acompañan a este ensayo jugaron un papel decisivo en la nueva interpretación del emblema nacional que aquí se presenta.

I. EL NOPAL,
EL ÁGUILA Y LA SERPIENTE

Entre 1150 y 800 a.C. aparecieron en diversas partes de Mesoamérica los primeros cacicazgos. Se trataba de sociedades campesinas organizadas de modo jerárquico, con un gobierno central dirigido por un linaje hereditario. Estas organizaciones primitivas, y más tarde los estados, crearon mitos dedicados a legitimar la posesión del territorio ocupado y elaboraron los primeros símbolos que representaban a esas entidades y daban cuenta de los orígenes remotos de la nación. El mito de la creación del cosmos que acompañó a estas fundaciones narraba la aparición maravillosa de la Primera Montaña Verdadera, la colina que brotó de las aguas primordiales y contenía en su interior el agua fertilizadora y las semillas nutricias que sustentaron a los primeros seres humanos.

Desde su aparición inicial en la planicie olmeca o en la elevada colina de Monte Albán, hasta la caída de México-Tenochtitlán, el símbolo de la Primera Montaña Verdadera aludió a la fertilidad y el origen de la vida, y se representó en las obras plásticas o literarias que narraban la creación del cosmos [Fig. 1]. En la capital del reino era el monumento

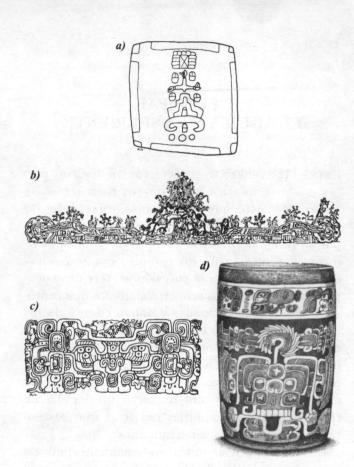

FIGURA 1. Representaciones de la Primera Montaña Verdadera: a) en La Venta. Dibujo basado en Schele, 1996, fig. 11a; b) en una pintura mural de Teotihuacán. Dibujo basado en Schele, 1996, fig. 18; c) en una estela de Bonampak. Dibujo basado en Freidel, Schele y Parker, 1993, fig. 3.8; d) en un vaso funerario maya de la época clásica. Dibujo basado en Reents-Budet, 1994, fig. 5.40.

que dominaba el centro ceremonial, acompañado por la plaza hundida que simulaba el estanque donde reposaban las aguas primordiales, y los edificios consagrados a los dioses protectores y al gobernante supremo [FIG. 2].[1] Como dijo con elegancia y economía el más universal de nuestros escritores, tres sitios dominaron desde entonces el entorno urbano: "Uno es la casa de los dioses, otro el mercado, y el tercero el palacio del emperador. Por todas las colaciones y barrios aparecen templos, mercados y palacios menores. La triple unidad municipal se multiplica, bautizando con un mismo sello toda la metrópoli".[2]

La construcción de estos lugares, que los arqueólogos llamaron "centros ceremoniales", transformó el espacio natural en un ámbito sagrado. Al sembrar la tierra de cultivos y colmarla de monumentos, los pobladores adquirieron un "derecho" de propiedad sobre ella; la tierra se convirtió en territorio de la comunidad y se vinculó a los antepasados y a los dioses protectores. Según Carl Schmitt, en las antiguas sociedades la ocupación primaria de la tierra significó un parteaguas histórico, pues por un lado dividió el espacio terri-

---

[1] Véase Linda Schele, "The Olmec Mountain and Tree of Creation in Mesoamerican Cosmology", en *The Olmec World. Ritual and Rulership,* The Art Museum, Princeton, 1996, pp. 105-119; Enrique Florescano, *El mito de Quetzalcóatl,* FCE, México, 1995, pp. 178-219.

[2] Alfonso Reyes, "Visión de Anáhuac", en *México en una nuez y otras nueces,* FCE, México, 1996, p. 14 (Fondo 2000.)

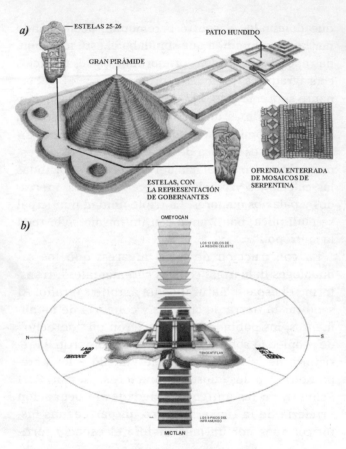

FIGURA 2. a) Reconstrucción del centro sagrado de La Venta, con la representación de la montaña primordial, la plaza hundida, sus ofrendas enterradas y sus estelas o árboles de piedra con la efigie de sus gobernantes. Dibujo basado en Freidel, Schele y Parker, 1993, fig. 3.4. b) La representación de los tres niveles verticales del cosmos en la geografía mítica de los mexicas. Dibujo basado en Matos Moctezuma, 1987, fig. 1.

torial entre los propios pobladores, y por otro fijó las fronteras que separaban al pueblo de los grupos extraños. En ambos casos, la ocupación de la tierra estableció un derecho de propiedad supremo, el título más radical sobre el territorio.[3]

A su vez, este vínculo con la tierra creó el símbolo de identidad más íntimo y persistente entre las antiguas poblaciones campesinas: la idea de *Terra patria*, o tierra de los padres. La patria de cada miembro de la comunidad fue ese pedazo de tierra claramente delimitado, bendecido por el espíritu vigilante de los ancestros que descansaban en el propio suelo, y protegido por los dioses creadores del cosmos.[4] En este caso, el concepto de patria está vinculado al sitio de residencia, que es al mismo tiempo el lugar donde se producen los alimentos y el sitio donde transcurre la vida de relación que une a los miembros del grupo. El corazón simbólico de la patria lo configuró la gran plaza o centro ceremonial donde se levantaba la Primera Montaña Verdadera.

La Primera Montaña Verdadera de los mayas se llamó *altépetl* en la tradición nahua, una palabra compuesta (*atl*: agua; *tepetl*: cerro) que quiere decir cerro lleno de agua [FIG. 3]. Para los nahuas, altépetl era sinónimo de reino o Estado, pues simboli-

---

[3] Carl Schmitt, *El nomos de la tierra en el derecho de gentes del "Jus publicum europaeum"*, Centro de Estudios Constitucionales, Madrid, 1979, pp. 18-25.

[4] Maurizio Viroli, *For Love of Country. An Essay on Patriotism and Nationalism*, Clarendon Press, Oxford, 1995.

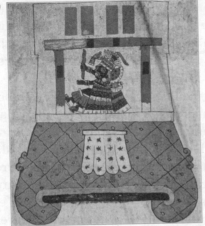

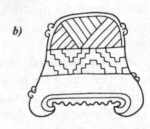

FIGURA 3. a) Representación simbólica del Monte Tláloc, la montaña que se levanta al sur del Valle de México. Es el glifo clásico que en la tradición iconográfica mesoamericana representa a los cerros (altépetl), que son concebidos como llenos de agua y con una cueva en su interior, donde reposan las semillas fundamentales. Aquí, la parte baja del cerro está simbolizada por un dibujo que forma una red cuadriculada, con un círculo en el centro, que representa la tierra. En la parte de arriba se ve un templo y en su interior la figura del dios Tláloc, sosteniendo en su mano derecha el rayo poderoso. Fotografía del Códice borbónico, *lám. 24. b) Representación del glifo de montaña entre los zapotecos. Foto tomada de Marcus, 1992, p. 168.*

zaba el territorio ocupado, la vida urbana civilizada y el asiento del poder político. El glifo que lo representaba se usó en los mapas para indicar la presencia de la organización social dotada de un territorio y autonomía política [Fig. 4].[5]

Otro símbolo visual relacionado con la primera creación fue la imagen del árbol cósmico, un eje plantado en el centro del cosmos que comunicaba sus tres niveles: el inframundo, la superficie terrestre y el cielo. En los monumentos mayas de la época clásica, el árbol cósmico se representó por la planta del maíz [Fig. 5]. Los mayas también dibujaron los cuatro rumbos del cosmos mediante árboles propios de su región y heredaron esa tradición a los demás pueblos mesoamericanos [Fig. 6].[6] De ahí nació, probablemente, la costumbre de representar a una región por su árbol emblemático,

---

[5] Bernardo García Martínez, en su libro *Los pueblos de la sierra. El poder y el espacio entre los indios del norte de Puebla hasta 1700* (El Colegio de México, México, 1987, pp. 72-73), advirtió que el concepto náhuatl de altépetl era simi:ar al que en totonaco se expresaba con la palabra *chuchutsipi,* formada por *chuchut:* agua, y *sipi:* montaña. Lo mismo ocurre en la lengua otomí con "la palabra *andehe antae hae,* ligada a las formas *andehe* (agua) y *noltac hae* (cerro)". Añade García Martínez que "podía entenderse que el cerro es la tierra donde nace el agua, que es la vida. Las montañas y el agua eran asimismo propiedad patrimonial de cada colectividad. El concepto proporcionaba de esa manera una referencia simbólica: englobaba a la tierra y a la fuerza germinal, al territorio y a los recursos, y aun a la historia y a las instituciones políticas formadas a su paso".

[6] Evon Z. Vogt, "Cardinal Directions and Ceremonial Circuits in Mayan and Southwestern Cosmology", *National Geography Society Research,* vol. 21, 1985, pp. 487-496.

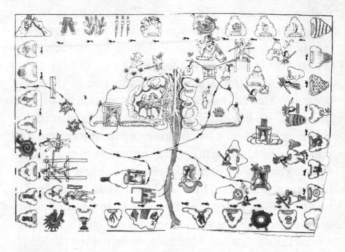

FIGURA 4. *Mapa de estilo indígena que señala las fronteras del pueblo de Cuauthinchantlaca. Estas fronteras están señaladas por los glifos de las montañas. Dibujo basado en Kirchhoff, Güemes y Reyes García, 1976, fols. 32-33.*

FIGURA 5. *Representación del árbol cósmico en el centro del tablero de la Cruz Foliada de Palenque. En la parte inferior se ve la cara del monstruo de la tierra que simboliza el inframundo. La parte media, que corresponde a la superficie terrestre, está representada por foliaciones de la planta del maíz y por mazorcas con cara humana. La parte superior tiene por símbolo un pájaro celestial. Dibujo basado en Schele y Miller, 1986, p. 115.*

FIGURA 6. *Los cuatro árboles cósmicos con sus deidades y símbolos, según la interpretación mesoamericana de la división cuatripartita del espacio. Al centro puede verse el dios del fuego, arriba el oriente, con el símbolo del sol; a la izquierda el sur; abajo el poniente, y a la derecha el norte. Dibujo basado en el* Códice Fejérváry-Mayer, *lám. 1, Kingsborough, 1967.*

de modo que así como la tierra maya fue reconocida por la presencia de la ceiba, las tierras situadas al norte de Tenochtitlán se identificaron con los cactus, las plantas propias de esa región agreste. Siguiendo esa tradición, los mexicas escogieron el nopal como su árbol emblemático.

Los símbolos de la identidad mexica se agruparon en el relato que narraba la peregrinación desde el remoto Aztlán hasta la fundación de Tenochtitlán en 1325. Según este mito, Huitzilopochtli, su dios tribal, les ordenó abandonar Aztlán, el lugar de origen, y buscar tierras mejores, que habrían de reconocer por la manifestación de un símbolo inequívoco: la presencia de un águila agitando sus alas, parada sobre un nopal y desgarrando una serpiente. De modo que cuando los fatigados peregrinos vislumbraron en un islote de la laguna el águila emblemática, ahí levantaron los rudos palafitos que más tarde dieron forma a la ciudad lacustre, iluminada por un tenue aire transparente y rodeada por "un espacioso circo de montañas".[7] Este mito, seguramente inventado cuando los mexicas se hicieron poderosos en la cuenca de México, se encuentra en los relatos que narran la fundación de la ciudad y en los monumentos que simbolizan el poder mexica.

En el monumento más antiguo que conocemos sobre la fundación de Tenochtitlán, se ve un águila

---

[7] Reyes, *México en una nuez...*, *op. cit.*, p. 11.

real parada en un nopal, el árbol heráldico, lanzando el grito de guerra mexica, *atl tlachinolli*, que quiere decir agua hirviente o quemada [FIG. 7]. Este monumento contiene los elementos simbólicos más significativos del emblema mexica, y nos servirá para distinguirlos y comprender su sentido.

Uno de los jeroglíficos más oscuros de ese símbolo era el de la piedra de la que brota el nopal. Hoy sabemos que esa piedra es el corazón sacrificado de Cópil, quien era hijo de Malinalxóchitl, la hermana mayor del dios tutelar mexica, Huitzilopochtli. Malinalxóchitl cayó en desgracia por causa de un conflicto con su hermano y fue apartada de la tribu; se refugió entonces en Malinalco y ahí procreó a Cópil, a quien le inculcó su odio hacia Huitzilopochtli. Más tarde, cuando los mexicas se asentaron en Chapultepec y comenzaron a ser hostigados por los pueblos vecinos, Cópil aprovechó la ocasión para sublevar a los pobladores de la cuenca contra la tribu de recién llegados comandados por Huitzilopochtli. Luego de instigarlos contra los invasores mexicas, Cópil subió a una colina para contemplar la destrucción de sus enemigos.

Sin embargo, el poder clarividente de Huitzilopochtli se anticipó a esas intrigas. Con la ayuda de sus capitanes logró capturar a Cópil y él mismo decapitó al traidor. Le arrancó el corazón y se lo entregó a uno de sus sacerdotes, quien lo arrojó al centro de la laguna, donde se convirtió en la piedra de la que surge el nopal [FIGS. 7-9]. De modo

23

FIGURA 7. *Representación del lugar donde se fundó México-Tenochtitlán, en la cual el nopal nace de una figura tendida en el agua (Cópil), y los frutos del nopal son corazones humanos. Abajo del pico del águila se ve el glifo de la guerra,* atl tlachinolli. *Dibujo basado en el monumento llamado Teocalli de la Guerra Sagrada. Museo Nacional de Antropología.*

FIGURA 8. *Los sacerdotes guías de la peregrinación mexica descubren las señas que indican el sitio donde deberá hacerse la fundación de Tenochtitlán. Dibujo basado en Durán, 1967, lám. 13.*

a)

b)

FIGURA 9. *a) El águila posada en el nopal, en el momento de apresar con sus garras una tuna. Dibujo basado en el* Códice mendocino, *fol. 2, en Kingsborough 1, 1964. b) El águila dorada portando la bandera del sol en el* Códice borbónico, *1979, lám. 11.*

que el simbolismo de este episodio sugiere que Tenochtitlán se fundó sobre el corazón sacrificado de los enemigos de Huitzilopochtli y, por extensión, del pueblo mexica.[8]

El nopal que brota del corazón de Cópil evoca el árbol cósmico, un símbolo de uso general en Mesoamérica. Una de las características de este árbol son sus frutos: la tuna de pulpa jugosa que alimenta y calma la sed. Como lo advirtió con agudeza Alfonso Caso, esta fruta tiene un lugar destacado en la iconografía sacrificial de los mexicas, porque representa el corazón humano, y más precisamente el corazón de los guerreros sacrificados. El *Códice florentino,* al referirse a este símbolo, dice: "los corazones de los cautivos sacrificados los llamaban *quahunochtli tlazoti*", las preciosas tunas del águila. El monumento llamado "Teocalli de la guerra sagrada", y la primera lámina del *Códice mendocino* [FIGS. 7 y 9], confirman esa interpretación: en ambas imágenes, el águila apresa la tuna, que tiene la forma de corazón humano. De modo que en la imagen y en los símbolos la fundación de Tenochtitlán aparece asociada con el sacrificio de corazones para alimentar al sol, Tonatiuh, la deidad nacional mexica.[9]

[8] Sobre el mito de Cópil, véase Doris Heyden, *México, origen de un símbolo. Mito y simbolismo en la fundación de México-Tenochtitlán,* Colección Distrito Federal, México, 1988.

[9] Véase Alfonso Caso, "El águila y el nopal", *Memorias de la Academia Mexicana de la Historia,* t. v, 1946, p. 101; Michel Graulich, *Mythes et rituels du Mexique ancien préhispanique,*

Esta obsesión por el sacrificio y la guerra culmina con la representación del águila, que es una imagen del sol. En la simbología de los mexicas el águila es el doble del sol: encarna su faz diurna y el movimiento ascendente hacia el cenit. Es el ave solar por excelencia, un depredador, un cazador. La imagen que representa el águila devorando pájaros o una serpiente [FIGS. 8 y 10] alude a la victoria del sol sobre sus enemigos y expresa el triunfo de los guerreros sobre los antiguos pueblos agrícolas. Desde los tiempos más remotos, en diversas culturas de Mesoamérica se encuentran imágenes que representan la lucha entre el águila y la serpiente, dos animales poderosos que se transfiguraron en emblemas de esos pueblos [FIGS. 11-12]. El águila que aparece en el emblema y los escudos mexicas es el águila real o águila dorada (*Aquila chrysaetos*), cuyo nombre científico proviene de las palabras griegas *aquila* (águila) y *chrysos* (dorada).[10]

Palais des Académies, Bruselas, 1982, pp. 243-249; y Christian Duverger, *El origen de los aztecas,* trad. de Carmen Arizmendi, Grijalbo, México, 1987.

[10] Sobre las representaciones del águila y la serpiente en otros pueblos mesoamericanos, véase el estudio de Alfredo López Austin, "El milagro del águila y el nopal" en su libro *El conejo en la cara de la luna. Ensayos sobre mitología de la tradición mesoamericana,* Consejo Nacional para la Cultura y las Artes, México, 1994, pp. 59-60; y su ensayo "El águila y la serpiente", en Enrique Florescano (comp.), *Mitos mexicanos,* Aguilar, México, 1995, pp. 15-20. Sobre las características biológicas y culturales del águila real o dorada, véase Aldegundo Garza de León, Mercedes de la Garza y Xavier Noguez, *The Golden Eagle. Strength and Wind,* Seguros Comercial América, Editorial Jilguero, México, 1995.

FIGURA 11. Una de las representaciones de la oposición entre el águila y la serpiente en las culturas del norte de México: Alta Vista, 300-500 d. C. Foto tomada de Jesús Flores Olague, 1995, p. 29.

FIGURA 10. Escena de la fundación de México-Tenochtitlán en la que se ve al águila comiendo un ave; el personaje de la derecha lleva el glifo de Tenoch, uno de los míticos fundadores de la ciudad. Dibujo basado en Durán, 1967, p. 32.

FIGURA 12. La oposición entre el águila y la serpiente en el Códice Borgia.

El águila era un símbolo solar común entre los pueblos cazadores, que aludía a la fuerza violenta. La serpiente, en cambio, fue un símbolo de la fertilidad entre los pueblos agricultores. Los aztecas le atribuyeron ese mismo simbolismo a la oposición entre el águila y la serpiente, pues en su emblema el águila asumió la representación del pueblo mexica y de los guerreros, los vencedores de los agricultores tradicionales que poblaban la cuenca de México. En el emblema mexica, los símbolos de la guerra, el *atl tlachinolli* y los escudos y las flechas, están asociados con el águila, y en este sentido aluden a la guerra sagrada que nutre al sol con corazones humanos y asegura el equilibrio cósmico. El emblema de Tenochtitlán es entonces una exaltación de la guerra que construyó el poder de la nación mexica.

Cuando los mexicas vencieron a los tepanecas en 1427, se convirtieron en la mayor fuerza política de la cuenca de México y fundaron la llamada Triple Alianza, la organización que unió a los reinos de México-Tenochtitlán, Texcoco y Tlacopan en una confederación política de rasgos imperiales. Desde entonces, el emblema de Tenochtitlán, que unía en una misma imagen la fundación de la ciudad en la isla (el símbolo territorial), el árbol cósmico, el sacrificio de corazones a la deidad solar y el águila cantando el himno de la guerra, desplazó a los otros símbolos de identidad. Cada vez que el ejército mexica se impuso a sus enemigos, o cada vez que un nuevo territorio quedó supeditado al poder de Tenochtitlán, esas victorias fueron señaladas por el estandarte del águila y la serpiente ondeando triunfal en la cima del templo conquistado. Desde entonces esa insignia tribal se convirtió en el estandarte nacional mexica. Era un emblema cuyos símbolos reiteraban la legitimidad de la ocupación territorial, la unidad del pueblo mexica y la obsesión por la grandeza futura. Diversos testimonios muestran que el emblema del águila parada en el nopal que brotaba de la isla, o la mera representación del nopal surgiendo del montículo pedregoso, bastaban para identificar el reino asentado en la laguna [FIG. 13], a sus gobernantes [FIG. 14], o a sus ejércitos [FIG. 15]. El emblema mítico se había convertido en representación universal del Estado mexica.

Las pinturas, los textos y el mito cantan un himno común y celebran la misión conquistadora del pueblo mexica. Un texto del *Códice Ramírez* refiere en palabras lo que el mito narraba en imágenes:

en este lugar del tunal está nuestra bienaventuranza, quietud y descanso, aquí [en Tenochtitlán] ha de ser engrandecido y ensalzado el nombre de la nación mexicana, desde este lugar ha de ser conocida la fuerza de nuestro valeroso brazo y el ánimo de nuestro valeroso corazón con que hemos de rendir a todas las naciones y comarcas [...] Aquí hemos de ser señores de todas estas gentes.[11]

[11] *Códice Ramírez. Relación del origen de los indios que habi-*

FIGURA 13. *Primera lámina del* Códice mendocino *que muestra la división de la ciudad de Tenochtitlán en cuatro barrios. En el centro se ve la imagen del águila posada en el tunal, símbolo de la fundación de la ciudad y representación del Estado mexica. Dibujo basado en el* Códice mendocino, *lám. 1.*

FIGURA 14. El rey de Tezcoco, Nezahualpilli, le informa a Mote-
cuhzoma II la llegada de los invasores europeos. En el centro se
ve el nopal brotando de una roca sobre el símbolo del altépetl, lo
cual refiere al reino mexica. Foto tomada de Durán, 1967.

FIGURA 15. Guerra de los mexicas (izquierda), contra los
tepanecas de Azcapotzalco (derecha). Los primeros se iden-
tifican por el símbolo del tunal brotando de la roca. Foto
tomada del Manuscrito Tovar, 1972, pl. III.

Posteriormente ese mito fundador fue incansablemente repetido en cantos, crónicas, pinturas y otros testimonios, y así llegó hasta nosotros. A principios del siglo XVI, Fernando Alvarado Tezozómoc, un cronista mestizo descendiente de los linajes nobles de Tenochtitlán, tuvo acceso a esos testimonios y compuso con ellos una *Crónica mexicana*. Este texto describe la fundación mitológica de la ciudad y da cuenta del designio que obligó a sus descendientes a no olvidar jamás el origen y la grandeza de México-Tenochtitlán:

Nunca se perderá, nunca se olvidará,
lo que vinieron a hacer,
lo que vinieron a asentar en las pinturas:
su renombre, su historia, su recuerdo.
Así en el porvenir
jamás perecerá, jamás se olvidará,
siempre lo guardaremos
nosotros hijos de ellos, los nietos,
hermanos, bisnietos, tataranietos, descendientes,
quienes tenemos su sangre y su color,
lo vamos a decir, lo vamos a comunicar
a quienes todavía vivirán, habrán de nacer,
los hijos de los mexicas, los hijos de los tenochcas.

. . . .

Esta antigua relación oral,
esta antigua relación pintada en los códices,
nos la dejaron en México,

tan esta Nueva España según sus historias, Leyenda, México, 1994, pp. 37-38.

para ser aquí guardada...
Aquí tenochcas aprenderéis cómo empezó
la renombrada, la gran ciudad,
México-Tenochtitlán,
en medio del agua, en el tular,
en el cañaveral, donde vivimos,
donde nacimos,
nosotros los tenochcas.[12]

[12] Fernando Alvarado Tezozómoc, *Crónica Mexicayotl,* texto náhuatl y traducción de A. León, Imprenta Universitaria, México, 1949, pp. 4-6. El texto citado corresponde a una versión de Miguel León-Portilla, *Los antiguos mexicanos a través de sus crónicas y cantares,* FCE, México, 1961, pp. 74-75.

II. LA FUSIÓN DEL EMBLEMA MEXICA CON LOS SÍMBOLOS POLÍTICOS Y RELIGIOSOS DE LA ÉPOCA COLONIAL

CUANDO la gran ciudad de Tenochtitlán fue vencida por los españoles y sus aliados indígenas, algunos capitanes de Hernán Cortés propusieron edificar en otro sitio la capital del territorio conquistado, aduciendo razones estratégicas. Cortés no escuchó esos pareceres porque él "pensaba en el dominio político, y en este caso en los símbolos del poder político".[1] Había visto el esplendor imperial de la ciudad indígena, ahora reducida a escombros, y recordaba que Tenochtitlán "era cosa tan nombrada, y de tanto caso, y memoria", que no dudó en refundarla en el mismo lugar. En 1522 le decía a Carlos V: "crea vuestra majestad que cada día se irá ennobleciendo en tal manera, que como antes fue principal, y señora de todas estas provincias, que lo será también de aquí en adelante".[2]

[1] Edmundo O'Gorman, *Seis estudios de tema mexicano,* Universidad Veracruzana, México, 1960, p. 16. La cita es de Jorge González Angulo, quien desarrolla esta tesis en su excelente artículo, "El criollismo y los símbolos urbanos", *Historias,* 26, abril-septiembre de 1991, pp. 73-81.

[2] Hernán Cortés, *Cartas de relación,* Edizione a cura di Maria

Al fundar los conquistadores su ciudad sobre los escombros de Tenochtitlán, la ciudad antigua se transformó "en la historia de la nueva". Como observa Jorge González Angulo, los cronistas que narraron los avatares de la nueva fundación "dialogan inevitablemente con la antigua. Ellos nos informan, por medio de comparaciones recurrentes, el modo en que la ciudad antigua [...] se transmina en el presente, sobrevive y en ciertos aspectos se impone y vence a la nueva, a pesar de los esfuerzos para dar a la nueva una superioridad completa sobre la antigua".[3]

La ambigüedad de esta situación se advierte desde los orígenes, cuando se le da nombre a la ciudad. Los españoles la llamaron "Temixtitán" por breve tiempo, pero luego se decidieron por el nombre más sonoro de México. Al reino, en cambio, le llamaron Nueva España. Muy pronto esos nombres concentraron los sentimientos antagónicos que había suscitado la conquista (México *versus* España), y durante largo tiempo cada uno pugnó por imponerse al otro, hasta que esa enconada batalla de los símbolos acabó por resolverse en favor del nombre indígena. En el siglo XVI, distintas regiones del reino, y docenas de sus topónimos, retomaron el apellido legendario de la capital: el mar de la

Vittoria Calvi, Instituto Editoriale Cisalpino, Milán, 1988, p. 304.
[3] Jorge González Angulo, "El criollismo y los símbolos urbanos", pp. 74-75.

costa atlántica fue llamado Seno mexicano o Golfo de México *(sinus mexicanus* o *golfo mexicano); el* territorio más septentrional de la frontera norte recibió el nombre de Nuevo México; Francisco López de Gómara relató las hazañas de Hernán Cortés bajo el título de *Conquista de México...*[4]

González Angulo observa que la "historia del escudo de armas de la ciudad de México ejemplifica esta ambigüedad". El 17 de diciembre de 1523 el rey de España, Carlos V, decide otorgarle a la ciudad un escudo que la distinga:

> que tengan, por sus armas conocidas un escudo azul, de color de agua, en señal de la gran laguna, en que la dicha ciudad está edificada, y un castillo dorado en medio, y tres puentes de piedra de cantería [...] que van a dar en el dicho castillo [... y] en cada una de las dichas dos puentes [...] un león levantado, que haga con las uñas de dicho castillo, de manera que tengan los pies en la puente y los brazos en el castillo, en señal de la victoria que en ella ovieron los dichos christianos; y por orla, diez ojas de tuna, verdes, con sus abrojos, que nacen en la dicha provincia, en campo dorado [...] las cuales armas y divisa damos a la dicha ciudad por sus armas conocidas, porque la podéis

---

[4] Véase el estudio de Carmen Val Julián y Alain Musset, "De la Nouvelle-Espagne au Mexique: naissance d'une geopolitique", en *Decouvertes et explorateurs, Actes du Colloque International,* L'Harmattan éditeur, París, 1994, pp. 67-82; y Georges Baudot, "La antigua palabra de México en su camino hasta nuestros días", *Memorias de la Academia Mexicana de la Historia,* t. XXXVIII, 1995, pp. 129-139.

traer, poner, e tengáis en los pendones y sellos, y escudos y vanderas de ella.[5]

Como se advierte en esta descripción y en la FIG. 16, el escudo que recibió la ciudad era una copia de sus similares castellanos: del antiguo emblema indígena sólo quedaban el pálido reflejo de la laguna y las hojas sueltas del nopal, desprendidas del árbol mitológico. Pero al darle tal peso a la tradición heráldica hispana y casi borrar la indígena, el nuevo escudo en lugar de atraer adhesiones desencadenó una sucesión de rechazos. No satisfizo a las autoridades de la ciudad, pues éstas requerían símbolos capaces de inducir la participación de la población nativa, con cuyos brazos se edificaba la nueva capital. No respondió a las expectativas de los religiosos que tenían a su cargo la evangelización de los indígenas; para ellos, el verdadero símbolo de la conquista de México era la victoria de la religión católica sobre el paganismo. Y es muy probable que ese escudo decepcionara aún más a los conquistadores y a sus descendientes, quienes no se cansaban de alabar la grandeza de la antigua ciudad, el orden de su traza, la monumentalidad de sus templos, y los cuantiosos tributos que afluían a ella de las provincias más remotas. Para ellos y para los indios que vivían en los barrios cercanos a la traza española, el emblema

[5] Citado por González Angulo, "El criollismo y los símbolos urbanos", pp. 73-74.

FIGURA 16. *Escudo de armas de la ciudad de México otorgado por el emperador Carlos V. Foto tomada de* La gran ciudad. *México, Departamento del Distrito Federal, 1970.*

FIGURA 17. *Escultura en cobre de un águila de tamaño natural, luchando con la serpiente y parada en un tunal. Se cree que originalmente esta escultura estaba (siglo XVII) en la fuente de la Plaza Mayor, frente al palacio virreinal. Foto del Museo Nacional de Historia.*

de la ciudad no se identificaba con la antigua Tenochtitlán, de modo que unos se resistieron a aceptarlo y otros se afanaron en remplazarlo.

Las autoridades de la ciudad, aun cuando no se atrevieron a desafiar la orden del rey, idearon argucias para evadir su cumplimiento y darle un tinte local al escudo poblado de símbolos extraños. Como el emblema aprobado por Carlos V carecía de timbre (la insignia que se coloca encima del escudo de armas), los miembros del ayuntamiento aprovecharon la ocasión para timbrarlo con el símbolo que les parecía más adecuado: ¡el águila combatiendo a la serpiente y parada sobre un tunal! [Fig. 17] De este modo, por un golpe de prestidigitación política, el escudo mexica se superpuso a la heráldica hispana.

La nostalgia por el antiguo emblema era tan sentida en los años de reconstrucción de la ciudad, que los vecinos, con la complicidad de las autoridades, hicieron esculpir el emblema mexicano en la fuente de la plaza mayor, frente al palacio virreinal [Fig. 18].[6] A fines del siglo XVI, un testimonio literario sugiere que el renacimiento de los emblemas indígenas había oscurecido el escudo español. En la *Grandeza mexicana* de Bernardo de Balbuena, una de las primeras obras dedicadas a

[6] Carrera Stampa dice que "la aguilita", como se llamaba a esa escultura de cobre hueca, estuvo primero en la fuente del zócalo, luego en la plaza de José Báez y más tarde en la de Santo Domingo. Véase *El escudo nacional,* Secretaría de Gobernación, México, 1994, pp. 108-109.

FIGURA 18. *Litografía de la Plaza Mayor y el palacio virreinal de 1761. A la izquierda, frente a la puerta central del palacio se advierte una fuente, coronada por un águila. Esta imagen muestra que la orden del virrey Palafox de 1642, en el sentido de quitar la insignia indígena de la fuente central, o no fue cumplida en esa fecha o fue reinstalada más tarde. Foto tomada de Rivera Cambas, 1883.*

exaltar la nueva configuración de la ciudad, se habla de sus orígenes:

del principio del águila y la tuna
que trae por armas hoy en sus banderas.[7]

En 1535 los frailes franciscanos levantaron en la ciudad de México un templo cristiano, el primer convento de San Francisco, donde antes se erguía el templo dedicado a Huitzilopochtli. En un ángulo del atrio, los tlacuilos (escribas) y artesanos indígenas que ayudaron a construir el templo colocaron una lápida esculpida, que representaba el símbolo mexica de la fundación de Tenochtitlán [FIG. 19]. Pero el águila, en lugar de estar posada en el nopal emblemático, se yergue sobre una esfera poblada de casas. Estas últimas son símbolos de la ciudad, la nueva Jerusalén, el símbolo territorial cristiano en que se ha transformado la antigua Tenochtitlán en la imaginación de los frailes.[8] En el templo franciscano de la Asunción de Nuestra Señora, edificado en Tecamachalco (Puebla) en el siglo XVI, el águila mexicana resurgió con fuer-

[7] Bernardo de Balbuena, *Grandeza mexicana,* Universidad Nacional Autónoma de México, México, 1963, p. 16.

[8] Isabel Fernández Tejero y María del Carmen Nava Nava, "He de comer de esa tuna. Ensayo histórico iconográfico sobre el escudo nacional", 1996 (21 pp.), pp. 10-11. Debo a Jaime Olveda el conocimiento de este ensayo, aún inédito. Sobre el significado de la Nueva Jerusalén-Tenochtitlán, véase el importante estudio de Guy Rozart Dupeyron, *Indias imaginarias en indios reales en los relatos de la conquista de México,* Tava Editorial, México, 1993.

FIGURA 19. *Lápida con el símbolo del águila, que original-mente estaba en un ángulo del atrio del primer convento franciscano edificado en la ciudad de México. El águila de influencia indígena, lleva el signo del atl tlachinolli, y está parada sobre una esfera que simboliza el mundo cristiano, presidido por Jerusalén, su capital. Museo Nacional de Historia (Chapultepec). Foto tomada de Carrera Stampa, 1994, p. 101.*

za en la base del templo, ornada en la frente con un *copilli* o diadema indígena [FIG. 20].[9]

Asimismo, en el templo agustino de Ixmiquilpan, construido a mediados de ese siglo, famoso por las pinturas murales que combinan sin inhibición la simbología indígena con la europea, destaca la imagen del águila parada sobre el nopal, en uno de los frescos del vestíbulo [FIG. 21].[10] En la hermosa fachada del templo agustino de Yuriria, construido en la misma época en la región de los lagos de Michoacán, se estampó con vigor el escudo mexica [FIG. 22].[11] Otras representaciones del águila y el nopal, notables por sus fuertes rasgos indígenas, se grabaron en el convento franciscano de Tultitlán (Estado de México), en la portada del templo de Tulpetlac (Estado de México) y en una capilla posa del convento de Calpan (Puebla) [FIG. 23]. Como lo ha mostrado Constantino Reyes Valerio, en casi todos los templos, monasterios y monumentos civiles que se edificaron en el siglo XVI está muy presente la mano indígena, así como sus símbolos y emblemas.[12] Pero no se había advertido que la representación del antiguo emblema mexica estaba tan di-

[9] Miguel Ángel Fernández, *La Jerusalén Indiana. Los conventos-fortaleza mexicanos del siglo XVI,* edición privada de Smurfit Cartón y Papel de México, México, 1992, pp. 26-27.

[10] *Las pinturas murales de Ixmiquilpan,* Gobierno del Estado de Hidalgo, Pachuca, 1992, pp. 30-31.

[11] Constantino Reyes Valerio, *Arte indocristiano. Escultura del siglo XVI en México,* Instituto Nacional de Antropología e Historia, México, 1978, p. 266.

[12] *Idem.*

FIGURA 20. El emblema mexica, grabado con fuerte influencia indígena, en la base del templo franciscano de la Asunción de Nuestra Señora de Tecamachalco (Puebla), siglo XVI. Foto tomada de Fernández, 1992.

FIGURA 21. Imagen del águila y el nopal en un fresco del vestíbulo del templo agustino de Ixmiquilpan, Hidalgo. Foto tomada de Las pinturas murales de Ixmiquilpan, 1992.

FIGURA 22. El escudo mexica en la portada principal del templo agustino de Yuriria, Michoacán (siglo XVI). Dibujo basado en Reyes Valerio, 1978.

FIGURA 23. *El emblema del águila y la serpiente en a) Convento franciscano de Tultitlán (Estado de México). El águila aparece con la vírgula del canto en el pico; b) Portada del convento de Tulpetlac (Estado de México); c) Medallón en una capilla posa del convento franciscano de Calpan (Puebla), en el que aparece el águila como símbolo de San Juan Evangelista, en cuyo pico lleva las vírgulas prehispánicas de la palabra (siglo xvi). Dibujos basados en Reyes Valerio, 1978.*

fundida en diversas partes del territorio. Como se observa, en estas imágenes el emblema del águila y el nopal estampado en las paredes de los conventos conserva el antiguo significado indígena de fundación primordial.

El virrey, Juan de Palafox y Mendoza, alarmado por el rechazo de las insignias españolas, ordenó en agosto de 1642 suprimir el escudo mexicano que se había superpuesto al castellano y quitar el águila que ornaba la fuente principal de la ciudad de México. Dispuso asimismo que esos símbolos "idólatras" fueran sustituidos por imágenes cristianas.[13] Pero esos y otros mandatos no lograron frenar la compulsión de revivir los antiguos símbolos indígenas. Por ejemplo, una lámina del *Códice Osuna,* elaborado por tlacuilos indígenas hacia mediados del siglo XVI, muestra que los nahuas que convivían con los españoles mantenían sus antiguas tradiciones y las defendían con éxito. En esa lámina se ve un grupo de soldados mexicas marchando con las tropas españolas en una expedición a la Florida en 1559-1560. Aun cuando los mexicas visten el uniforme de guerra español, su capitán sostiene un estandarte con el emblema del águila y del nopal [Fig. 24].[14]

[13] Juan B. Iguíniz, *El escudo de armas nacionales,* Librería de Ch. Bouret, México, 1920, pp. 19-21; Manuel Carrera Stampa, *El escudo nacional,* pp. 84-85.

[14] *Pintura del gobernador, alcaldes y regidores de México. Códice en jeroglíficos mexicanos y en lengua castellana y azteca existente en la biblioteca del Exmo. señor Duque de Osuna,* Imprenta

la florida

FIGURA 24. Soldados mexicas, acompañando a las tropas españolas en la expedición a la Florida, 1559-1560. Dibujo basado en Pintura del gobernador, 1878.

Con el correr de los años, las inconformidades calladas se transformaron en posiciones rebeldes. En un acto que desobedecía la orden del virrey Palafox y Mendoza, el ayuntamiento mandó grabar en 1663 el escudo mexica en las nuevas *Ordenanzas de la muy Noble y Leal Ciudad de México,* que se publicaron ese año, con el águila y el nopal arriba del castillo español [FIG. 25].[15] En los mismos años, esta animada guerra por el predominio de los símbolos produjo imágenes curiosas: en un dibujo anónimo se ve al águila de la monarquía española expulsando de su nido al águila mexicana [FIG. 26]. Otro grabado presenta al rey de España Carlos II parado sobre el águila real azteca, en una actitud de subyugamiento y dominación [FIG. 27].[16]

de Manuel G. Hernández, Madrid, 1878, p. 8; González Angulo, "El criollismo y los símbolos urbanos", p. 79.

[15] Carrera Stampa, *El escudo nacional,* pp. 85-86. Respecto a la orden del virrey y obispo Palafox y Mendoza, Andrés Cavo (*Historia de México,* Patria, México, 1949, pp. 317-318) relata: "Entretanto que gobernaba el dicho obispo, mandó derribar de los lugares públicos de la ciudad ciertas estatuas o ídolos antiguos que hasta entonces habían conservado los gobernadores y virreyes, como trofeos de las victorias que ganaron los españoles contra los mexicanos". Véase también Genaro García, *Don Juan de Palafox y Mendoza, obispo de Puebla y Osuna, visitador y virrey de la Nueva España,* Gobierno de Puebla-Secretaría de Cultura, Puebla, 1991, pp. 112-113.

[16] Jaime Cuadriello cita el texto que acompaña a esta imagen, que es muy expresivo acerca de la disputa entre las dos aves: "La Águila Real expele victoriosa/del nido a la bastarda; más piadosa/los polluelos que deja los alimenta/y adoptando a los hijos los fomenta;/de este modo también, Reyes Hispanos,/con los indios, polluelos mexicanos,/piadosos y clementes siempre fueron,/pero todos, Felices, te cedieron". Véase Jai-

FIGURA 25. a) *Emblema de la ciudad de México que se imprimió en las nuevas* Ordenanzas de la muy Noble y Leal Ciudad de México, *publicadas en 1663. Foto tomada de Iguíniz, 1920; b) Sello del ayuntamiento de la ciudad de México, con el emblema de la antigua Tenochtitlán sobrepuesto al escudo de armas de ascendencia hispana. Este sello se utilizó para timbrar las licencias de maestro albañil que otorgaba el ayuntamiento de la ciudad hasta 1687. Foto tomada de González Angulo, 1991, p. 78.*

FIGURA 26. Anónimo. El águila de la monarquía española expulsa de su nido al águila mexicana, 1666. Foto tomada de Cuadriello, 1994, p. 92.

FIGURA 27. Carlos II posado sobre las armas mexicanas, contemplando al sol, 1701. Foto tomada de Cuadriello, 1994, p. 95.

Todo indica que esta guerra de los símbolos fue un combate continuo, ritmado por los diversos enfrentamientos entre indígenas, mestizos y españoles. En un cuadro anónimo del siglo XVIII se ve a san Hipólito, el santo que según los españoles presidió la caída de Tenochtitlán, montado literalmente sobre el águila mexicana. A los lados figuran como testigos del acontecimiento Pedro de Alvarado y Moctecuhzoma [FIG. 28]. En otra escultura de la misma época, conservada en una colección privada, se advierte un águila semejante a la que monta san Hipólito en la pintura anterior, pero en este caso el águila mexicana sostiene una cruz, el símbolo por excelencia de la Iglesia cristiana. [FIG. 29].[17]

La guerra de los símbolos que toma como campo de batalla los emblemas de la ciudad de México se percibe también en las imágenes dedicadas a representar las conquistas europeas en América. En ellas se observa que para significar al Nuevo Mundo, los autores europeos escogieron la figura de una indígena, que en los primeros dibujos tiene rasgos caucásicos muy marcados [FIGS. 30-31]. Un autor europeo, Abraham Ortelius, estableció el canon de la representación alegórica de los cuatro

me Cuadriello, "Los jeroglíficos de Nueva España", en *Juegos de ingenio y agudeza. La pintura emblemática de la Nueva España,* Museo Nacional de Arte, México, 1994, pp. 91-96.

[17] Debo el conocimiento de esta escultura a Virginia Armella de Aspe, a quien le expreso mi reconocimiento. Su propietario, el señor Antonio Saldívar, muy amablemente me permitió tomar la fotografía que aparece en este ensayo.

FIGURA 28. **San Hipólito y las armas mexicanas.** *Pintura anónima del siglo XVIII. El acto de dominio de san Hipólito sobre la ciudad indígena está enfatizado por el escudo con las armas hispanas que sostiene en su mano derecha, y porque aparece montado sobre el escudo de armas de Tenochtitlán. Actualmente forma parte de la colección de la parroquia de la Asunción de María. Foto tomada de Cuadriello, 1994, p. 379.*

FIGURA 29. Escultura de un águila mexicana que sostiene una cruz, el símbolo por excelencia de la Iglesia cristiana. Colección privada de Antonio Saldívar.

FIGURA 30. *Representación de América según el modelo estable-cido por Ortelius. Foto tomada de Honour, 1975, p. 87.*

FIGURA 31. *Américo Vespucio "descubre" América, representada como una india desnuda con tocado de plumas en la cabeza. Grabado de Theodor Galle basado en un dibujo de Jan van der Straet (c. 1575). Foto tomada de Honour, 1975, p. 88.*

continentes en su obra *Theatrum Orbis Terrarum,* publicada en 1570. En este libro, cada uno de los continentes está representado por una hermosa mujer, engalanada por los símbolos que distinguen a esa parte del mundo; pero se advierte que la mujer que simboliza a América, al contrario de las otras, aparece desnuda, pertrechada con arcos y flechas, un tocado de plumas y una cabeza decapitada en la mano. Numerosos autores europeos repitieron con ligeras variantes esa imagen salvaje, la cual se propagó en todo el mundo. En América, sin embargo, esa imagen fue rechazada por los criollos y los pobladores originarios.[18]

Si las imágenes que representaban a América con rasgos exóticos parecían llamativas a los ojos europeos, para los pobladores de las tierras americanas debieron carecer de autenticidad. De ahí que en los siglos XVII y XVIII los criollos de las posesiones españolas en América comenzaran a fabricar sus propias imágenes, enfrentándolas a las europeas. En el siglo XVIII los pintores de Nueva España continuaron representando el reino mediante la imagen de la mujer indígena, pero ahora con un prurito de autenticidad. Se

[18] Véase Hugh Honour, *The New Golden Land. European Images of America from the Discoveries to the Present Time,* Pantheon Books, Nueva York, 1975. Cesare Ripa consagró la imagen de América como india salvaje en su obra *Iconología,* Madrid, 1987, 2 vols., t. II, p. 108. Véase también Santiago Sebastián, *Iconografía del indio americano, siglos XVI-XVII,* Ediciones Tuero, Madrid, 1992.

aprecia que los rostros y el cuerpo de los personajes se apegan más a la fisonomía indígena. Los vestidos se copian de dibujos basados en indumentarias originales. Se vuelve común acompañar a los personajes o al paisaje con artefactos y obras de arte considerados idiosincrásicos del mundo americano. Por ejemplo, el virreinato de Nueva España se representa por una mujer que viste ropas características de la región y, para evitar cualquier confusión, se le pone a un lado el escudo con el águila y la serpiente [Figs. 32-34].

A fines del siglo xviii, cuando la imagen de la virgen de Guadalupe se fundió con el antiguo escudo de armas de Tenochtitlán, como se verá adelante, la figura de América o de Nueva España se representó como una indígena vestida suntuosamente, con un *copilli* o diadema real en la cabeza, sosteniendo en sus manos el emblema mexicano [Figs. 35-36]. De este modo, a través de un proceso irrefrenable, los iconos europeos de América fueron sustituidos por imágenes con rasgos indígenas. Esta reivindicación americana de las imágenes tiene un claro sentido político, como se observa en el propósito de igualar a los reinos. Si en los siglos xvi y xvii los europeos representaban a América desnuda y en una posición subordinada, en el xviii los americanos se esforzaron por retratar a la Nueva España con la misma prestancia que tenían los reinos euro-

FIGURA 32. El edificio de la monarquía protegido por las personificaciones de la Nueva España (izquierda) y de España (derecha), 1666. Foto tomada de Cuadriello, 1994, p. 91.

FIGURA 33. Personificaciones de los reinos de Perú y de la Nueva España, 1630. Ambos personajes se distinguen por su vestimenta y sus escudos. Foto tomada de Cuadriello, 1994, p. 93.

FIGURA 34. Representación de Europa y Nueva España, con personajes vestidos con ropas de su país, y sus respectivos escudos. Foto tomada de Cuadriello, 1994, p. 93.

FIGURA 35. *Los hermanos Joseph y Johan Klauber, a solicitud de la Compañía de Jesús, grabaron esta representación grandiosa de la virgen de Guadalupe para festejar su consagración como patrona de Nueva España en 1754. La mujer de la derecha representa a la Nueva España y sostiene en su mano el escudo de ese reino. Foto tomada de Cuadriello, 1994, p. 10.*

FIGURA 36. Pintura de Juan Patricio Morlete Ruiz de 1772, que repite la temática de las dos figuras anteriores. Foto tomada de Cuadriello, 1995, pp. 6-7.

peos, como si se tratara de entidades políticas del mismo rango.[19]

La difusión del antiguo emblema mexicano llegó a su punto más alto en el siglo XVIII. Al comenzar el siglo, diversas regiones y muchas ciudades se habían transformado física y socialmente en núcleos mestizos, y esa población mezclada, en su búsqueda de identidad, rechazó los símbolos del poder español y tendió a identificarse con los que provenían de la antigua capital mexica. Entre 1701 y 1721, en los grabados y monedas que conmemoraban hechos importantes del virreinato o de la ciudad, se conserva el escudo oficial con el castillo y los dos leones arañando sus paredes [FIG. 37, a, b y c]. Pero entre 1724 y 1747 otra vez se vuelve a timbrar el escudo de ascendencia hispánica con el águila parada en el tunal [FIGS. 37, d, e, f y g].

Lo más significativo de este proceso de afirmación y sustitución de emblemas es que, a la postre, el escudo indígena se torna una insignia no sólo de criollos e indígenas, sino de las autoridades e instituciones virreinales, quienes ahora la ostentan sin embozo. Sorprende, por ejemplo, que desde comienzos del siglo XVIII el escudo mexica forme parte de las armas del virrey duque de Albuquerque, quien gobernó entre 1701 y 1711 [FIG. 38]. Es tan fuerte la presencia de la imagen indígena,

[19] Cuadriello, "Los jeroglíficos de la Nueva España", pp. 92-93.

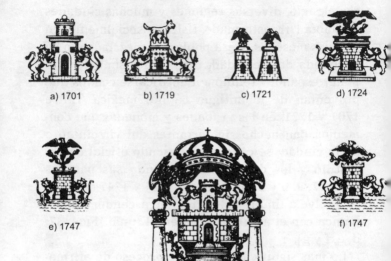

a) 1701 b) 1719 c) 1721 d) 1724

e) 1747 f) 1747

g) 1729

FIGURA 37. Escudos de la ciudad de México con los símbolos de la heráldica española, la heráldica indígena y sus mezclas. Foto tomada de Carrera Stampa, 1994, p. 88.

FIGURA 38. *Águila que formaba parte del escudo de armas del virrey duque de Albuquerque. Fotografía tomada de Carrera Stampa, 1994, p. 95.*

FIGURA 39. *Medalla de la Academia de San Carlos, con la insignia del águila, la serpiente y el nopal, y ornada con las hojas de laurel (izquierda) y encino (derecha). Foto tomada de Carrera Stampa, 1994, lám. 41, p. 100.*

que la misma Academia de San Carlos, la institución creada por los Borbones para imponer el estilo neoclásico, la vuelve uno de los iconos de su emblema, agregándole las hojas de laurel y de la encina que perdurarán hasta la fecha en el escudo nacional [Fig. 39].[20] El escudo indígena comenzó a invadir asimismo los principales edificios públicos que se contruyeron entonces, como la Casa de Moneda [Fig. 40] y la Aduana [Fig. 41].

Uno de los rasgos distintivos de esta época es la simpatía que la población criolla manifestó por el escudo indígena. Los nacidos de progenitores españoles e indios y las llamadas castas o mestizos adoptaron el emblema del águila y la serpiente como uno de sus símbolos de identidad preferidos. Las crónicas que los criollos escribieron para celebrar a la ciudad y recordar su historia antigua se distinguen por llevar en su portada o en sus láminas la insignia del antiguo reino mexicano. Ésa es la imagen que se reproduce en la carátula de la *Breve compendiosa narración de la ciudad de México,* escrita por el bachiller Juan de Viera en 1777 [Fig. 42].[21] Francisco Antonio de Lorenzana, arzobispo de México, hizo publicar en 1770 las célebres *Cartas de relación* de Hernán Cortés y puso en su portada un águila

[20] Carrera Stampa, *El escudo nacional,* p. 95.
[21] Juan de Viera, *Breve compendiosa narración de la ciudad de México,* prólogo y notas de Gonzalo Obregón, Editorial Guarania, México-Buenos Aires, 1952. Esta edición tiene también una imagen de la virgen como protectora de la ciudad y el escudo del águila parada en el nopal.

FIGURA 40. Escudo de la antigua Tenochtitlán, esculpido en piedra, en el arco que da al patio central de la antigua Casa de Moneda. Foto tomada de Carrera Stampa, lám. 44, p. 103.

FIGURA 41. Una de las águilas que adornan el edificio de la Casa de la Aduana (1731). Foto tomada de Carrera Stampa, lám. 45, p. 103.

FIGURA 42. *Águila que ilustra la carátula de la* **Compendiosa narración de México**, *de Juan de Viera, escrita en 1777. Foto tomada de Viera, 1952, portada.*

que lleva en el pecho el escudo de la ciudad [FIG. 43]. La edición inglesa de la famosa *Historia antigua de México* de Francisco Javier Clavijero, la primera que revaloró el pasado prehispánico y lo propuso como fundamento de la patria americana, incluía también un grabado con las armas primitivas de la ciudad. A finales del siglo XVIII se encargan pinturas dedicadas a recrear el momento glorioso de la fundación de Tenochtitlán, que luego se exigen como objetos merecedores de veneración, y en los cuales figura en primer plano el emblema del águila y la serpiente [FIG. 44]. Los extranjeros que optaron por radicar en la ciudad se contaminaron de este intenso patriotismo criollo, y como en el caso del italiano Lorenzo Boturini Benaducci, se tornaron apasionados estudiosos de su historia antigua y de la virgen de Guadalupe, como lo ostenta este autor en el retrato que hizo grabar en su obra [FIG. 45].

La intensificación de este sentimiento patriótico puede apreciarse en las imágenes que unen a los símbolos religiosos cristianos con el antiguo emblema indígena. Así, por ejemplo, en el libro dedicado al primer santo mexicano (*Vida de San Felipe de Jesús,* 1802) figura el águila como el emblema que resalta la mexicanidad del santo. Uno de los grabados que José María Montes de Oca hizo para esta obra muestra al ave posada en el nopal, con las alas desplegadas, sobre la cual se eleva en triunfo la figura del santo. De un lado España, y del otro

HISTORIA
DE NUEVA-ESPAÑA,
ESCRITA POR SU ESCLARECIDO CONQUISTADOR,
HERNAN CORTES,
AUMENTADA
CON OTROS DOCUMENTOS, Y NOTAS,
POR EL ILUSTRISSIMO SEÑOR
DON FRANCISCO ANTONIO LORENZANA,
ARZOBISPO DE MEXICO.

ORBIBUS CLARA, RELIGIONE NOBILIOR

En la Imprenta del Hogal.

CON LAS LICENCIAS NECESARIAS
En México en la Imprenta del Superior Gobierno, del Br. D. Joseph Antonio de Hogal
en la Calle de Tiburcio. Año de 1770.

57. Manuel Villavicencio, *Orbus Clara Religione Nobilior*, 1770. Cat. 23

FIGURA 43. *Portada de la edición de las* Cartas de relación *de Hernán Cortés publicada por el arzobispo de México (1770), con el águila mexicana contemplando a la mujer indígena que representa a Nueva España. Foto tomada de Cuadriello, 1994, p. 120.*

FIGURA 44. Pintura del siglo XVIII dedicada a recrear el momento glorioso de la fundación de Tenochtitlán. Foto del Museo Nacional de Historia.

FIGURA 45. Retrato de Lorenzo Boturini Benaducci, con la imagen Guadalupana en sus manos, que aparece en una lámina de su obra, publicada en 1746. Foto basada en Boturini, 1974.

la Nueva España, contemplan admiradas el prodigio [FIG. 46]. En estas curiosas alegorías pictóricas, los santos cristianos se mexicanizan al anunciar el evangelio en América, como sucede con el apóstol santo Tomás, de quien se dijo que divulgó la religión verdadera bajo la apariencia de Quetzalcóatl (el héroe cultural tolteca), mucho antes que Colón llegara a estas tierras [FIG. 47]. A su vez, los predicadores nativos, como Felipe de Jesús, se convierten en modelo de santidad cristiana.[22] Algo semejante ocurre con los historiadores dedicados a narrar los hechos de la patria. Francisco Javier Alegre, el historiador jesuita que escribió una crónica de su orden, aparece en una pintura recibiendo una corona de laurel de la Nueva España, representada por una indígena que lleva en su diadema el águila mexicana [FIG. 48]. Es decir, todo lo que exalta los valores de la patria adquiere un brillo peculiar y se vuelve objeto de veneración.

Un anhelo de identidad parecido se aprecia en

[22] Véase *Juegos de ingenio y agudeza,* pp. 379-391; Servando Teresa de Mier, *Obras completas. I: El heterodoxo guadalupano,* estudio preliminar y selección de textos de Edmundo O'Gorman, Universidad Nacional Autónoma de México, México, 1981, pp. 111-113; Jacques Lafaye, *Quetzalcóatl y Guadalupe. La formación de la conciencia nacional en México,* FCE, México, 1977; Edmundo O'Gorman, *Destierro de sombras. Luz en el origen de la imagen y el culto de Nuestra Señora de Guadalupe del Tepeyac,* Universidad Nacional Autónoma de México, México, 1986; David A. Brading, *Los orígenes del nacionalismo mexicano,* Era, México, 1980; y Enrique Florescano, *Memoria mexicana,* FCE, México, 1994, pp. 342-353.

*Nombra la afortunada México por Patron prin
cipal al Biena.* de *Felipe de Jesu, á quien le dio
la cuna*

FIGURA 46. *Grabado que celebra el nombramiento de san Felipe
de Jesús como patrón de la ciudad de México. A la izquierda, una
mujer coronada que representa a España; a la derecha, una indígena con la diadema mexica de la realeza; ambas contemplan
el prodigio. Foto tomada de Cuadriello, 1994, p. 104.*

FIGURA 47. *En esta pintura de la basílica de Ocotlán (Tlaxcala) se representa al apóstol santo Tomás, predicando en la tierra tlaxcalteca, antes de la llegada de los españoles, como lo aseguraron Motolinía, Bartolomé de las Casas, Diego Durán y más tarde fray Servando Teresa de Mier. El historiador mestizo Fernando de Alva Ixtlilxóchitl fue uno de los principales propagadores de esta tesis en el siglo* XVIII. *Foto tomada de Cuadriello, 1994, p. 391.*

Docta Facultatum, numerosaque turba Sororum
Dant tenebris raptum perfecte luce frui.

FIGURA 48. *Retrato del historiador Francisco Javier Alegre, premiado con una corona de laurel por la Nueva España, representada por una india con el emblema de la realeza mexicana, el copilli, al que se le ha agregado el escudo de armas de Tenochtitlán. Foto tomada de Cuadriello, 1994, p. 389.*

el escudo de armas de don Miguel Nieto de Silva y Moctezuma, fundador del mayorazgo de Moctezuma. Este descendiente de la casa real de Tenochtitlán mandó grabar la insignia de los antiguos mexicanos en su sello personal. Agregó a ese emblema prestigioso unos pescadores en la laguna y gente cazando en la isla, en el estilo barroco de esa época [FIG. 49].[23]

La difusión del escudo indígena en las instituciones municipales, academias, edificios públicos, pinturas religiosas, artificios mundanos, libros de historia y objetos personales, muestra la compulsión de arraigar esos monumentos mediante el procedimiento de identificarlos con su raíz indígena, mexicanizándolos. Como se ha visto, la mexicanidad de san Felipe se transparenta por la presencia del águila, que en estas imágenes aparece como el símbolo inconfundible de la identidad mexicana.

El ascenso del emblema indígena como símbolo de identidad de los pobladores del virreinato se fortaleció por la presencia de nuevos medios de difusión. La primera *Gazeta de México,* publicada entre 1722 y 1742 por Juan Ignacio María de Castorena y Ursúa y Francisco Sahagún de Arévalo, incluyó en varias de sus portadas el escudo indígena, al que agregó una estrella y una corona real arriba del águila [FIG. 50].[24] La frecuencia con que la corona aparece sobre la cabeza del águila indu-

[23] Carrera Stampa, *El escudo nacional,* p. 99.
[24] *Ibid.,* pp. 89-90 y 94-96.

FIGURA 49. *Águila que formaba parte del escudo de armas de don Miguel Nieto de Silva y Moctezuma, fundador del mayorazgo de Moctezuma. Foto tomada de Carrera Stampa, 1994, p. 97.*

GAZETA
DE MEXICO.
Defde primero, hafta fin de Henero de 1728.

GAZETA
DE MEXICO,
Defde primero hafta fin de Enero de 1732.

FIGURA 50. Ejemplares de la Gazeta de México, que ostentan el escudo de armas de la antigua ciudad de México, con el agregado de una estrella y corona. Foto tomada de la Gazeta de México, núms. 1 y 50.

ce a pensar que este símbolo no alude a la Corona española, sino a las pretensiones políticas de la ciudad de México para representar al conjunto del reino de Nueva España. Como quiera que sea, desde entonces el escudo mexica se difundió con mayor fuerza en el virreinato.

En la segunda mitad del siglo la insignia del antiguo reino ilustra varios números del popular *Calendario manual y guía de forasteros de México* [FIG. 51], y es frecuente ver su imagen reproducida en los planos de la ciudad que se imprimen en ese siglo [FIG. 52], así como en las cartas generales del virreinato [FIG. 53].[25] La costumbre de identificar a la ciudad de México con el escudo de la antigua Tenochtitlán se volvió tan común que en las pinturas a ella dedicadas se incluía ese emblema [FIG. 51]. La identidad con el símbolo del águila era una concepción compartida por las clases populares, como lo revela la pintura de una fiesta indígena del siglo XVIII. Ahí se aprecia que la figura de uno de los juegos pirotécnicos (los famosos "castillos") tiene la inconfundible imagen del águila y la serpiente como remate [FIG. 54]. En otra pintura de una danza o mitote indígena, el personaje central lleva en su pecho el escudo del águila y la serpiente [FIG. 55]. El emblema del águila era también un símbolo popular de los trabajadores del ayuntamiento de la ciudad de México. A fines

[25] *Ibid.*, p. 91.

EN GUADALUPE MARIA
de la Gran Mexico es GUIA

FIGURA 51. *Grabado de la ciudad de México que une la representación del centro urbano, la imagen protectora de la virgen de Guadalupe, y el águila mexicana con el escudo de la ciudad en el pecho. Se publicó en el popular* Calendario manual y guía de forasteros de México. *Grabado en metal de la Colección Biblioteca Nacional, Gabinete de Estampas, Madrid, España. Foto tomada de Cuadriello, 1995, p. 15.*

a)

b)

FIGURA 52. a) *El águila mexicana con el escudo de la ciudad de México en el pecho, en un plano de la ciudad de México. Foto tomada de* **500 Planos de la ciudad de México 1325-1933,** *1982, p. 8; b) Plano geométrico de la ciudad de México con el águila sobrepuesta al escudo de la ciudad. Foto tomada de* **Benítez,** *1982, t. 2, p. 160.*

FIGURA 53. La edición inglesa de la Historia antigua de México *de Clavijero (1804) incluye esta representación del águila mexicana. Foto tomada de* Los grabados de la historia antigua de México, *1980, contraportada.*

FIGURA 54. *Fuegos artificiales en una fiesta popular. Como se advierte, en la punta de este fuego se ve el águila mexicana posada en el nopal. Foto tomada de Benítez, 1982, t. 2, p. 113.*

FIGURA 55. Danza indígena, con bailadores vestidos con ricos ropajes y símbolos de la realeza mexica (el escudo de armas de Tenochtitlán), y el copilli *o diadema real. Foto tomada de Cuadriello, 1994, p. 388.*

del siglo XVIII, los empleados de la ciudad que anunciaban en las calles los actos públicos llevaban el escudo con las insignias del águila en el sombrero o en los estandartes [FIG. 56].

La progresiva penetración del escudo mexica en el imaginario colectivo y en los diferentes niveles del poder le abrió las puertas de la Iglesia, el recinto donde primero fue expulsado como símbolo de idolatría. En el siglo XVIII la iglesia neoclásica de la Santa Cruz y Soledad incluye este emblema como remate de su portada principal, timbrada por una majestuosa corona real [FIG. 57]. Asimismo, en la antigua iglesia de Jesús María, también de ejecución neoclásica, se esculpieron dos águilas que se miran una a la otra en los remates de sus portadas [FIG. 58]. Otros ejemplos notables son las dos águilas en madera estofada que adornan el bello retablo barroco de la iglesia de San Lorenzo Río Tenco, en el actual Estado de México [FIGS. 59-60].[26] El conjunto de símbolos integrados en este retablo es una síntesis magnífica del sentimiento patriótico que se había formado en esa época [FIG. 61].

Como se advierte, en la base sobresalen los escudos de la antigua Tenochtitlán y de la ciudad de

[26] Véase el artículo sin firma, "San Lorenzo Río Tenco ¿cuna del escudo nacional?", *Mester de México,* año 1, octubre-noviembre de 1990, pp. 47-48; y la ponencia de Marta Terán, "El águila y la serpiente en las composiciones guadalupanas de los siglos XVII al XIX", presentada en el Congreso Internacional de Historia de las Religiones, México, 10 de agosto de 1995.

FIGURA 56. *Figuras del tamborilero y del clarinero, empleados del cabildo de la ciudad de México, con el escudo del águila en el sombrero y en los estandartes. Foto tomada de González Obregón, 1911, pp. 26-27.*

FIGURA 57. *El águila parada en el nopal como remate de la portada principal de la iglesia Santa Cruz y Soledad. Foto tomada de Carrera Stampa, 1994, p. 105.*

FIGURA 58. *Remates de las dos portadas de la ex iglesia de Jesús María, con el emblema del águila parada en el nopal. Fotos tomadas de Carrera Stampa, 1994, p. 107.*

FIGURA 59. *El antiguo escudo de armas de Tenochtitlán, tallado en madera estofada, en un retablo de la iglesia de San Lorenzo Río Tenco (Estado de México), siglo XVIII. Dibujo basado en* **Mester de México, 1990, p. 48.**

FIGURA 60. *Escudo de la ciudad de México, coronado con el águila y la serpiente, en un retablo de la iglesia de San Lorenzo Río Tenco, siglo XVIII.* **Dibujo basado en Mester de México, 1990, p. 47.**

FIGURA 61. *Retablo guadalupano con la figura de Juan Diego sosteniendo el altar, que se encuentra en la iglesia de San Lorenzo Río Tenco, Estado de México. Foto tomada de Florescano y Rojas, 1996, p.* L.

México, ambos distinguidos por el emblema del águila y la serpiente. En el centro de la parte inferior sobresale una escultura de Juan Diego, quien con sus espaldas y manos sostiene el altar y el retablo prodigioso que se eleva hacia el cielo. El centro espacial y simbólico lo ocupa la imagen guadalupana, rodeada por las cuatro apariciones a Juan Diego, que certificaron el lugar excepcional que Dios le había otorgado a la tierra mexicana. El mensaje que transmite este retablo barroco parece decir que las identidades criolla y mestiza de la Nueva España descansaban en el emblema indígena del águila y la serpiente y en el milagro dado a conocer al indio Juan Diego. El momento más alto de esta trayectoria ascendente del símbolo mexica fue la incorporación del emblema indígena en la portada principal de las catedrales de Morelia y de México en las primeras décadas del siglo XIX. En la catedral de México la insignia de Tenochtitlán está labrada en bronce dorado, encerrada en un medallón del mismo metal, en un estilo neoclásico [Fig. 62].[27]

La ausencia de conflictos entre la antes execrada imagen de los mexicas y las imágenes cristianas la atribuyo a la unión del emblema indígena con la virgen de Guadalupe, el más venerado de los símbolos religiosos novohispanos. Francisco de la Maza descubrió hace tiempo que el creador del

---

[27] Carrera Stampa, *El escudo nacional,* pp. 106-108.

FIGURA 62. Águila parada en el tunal que adorna el remate principal de la Catedral Metropolitana. Foto tomada de Carrera Stampa, 1994, p. 108.

vínculo entre la virgen de Guadalupe y el emblema de la antigua Tenochtitlán fue un teólogo y predicador criollo, Miguel Sánchez, quien, animado por un intenso sentimiento patriótico, publicó en 1648 la primera obra que narró el milagro de la aparición de la virgen de Guadalupe al indio Juan Diego. Sánchez fue el primero que percibió en este prodigio la señal de que su patria era un lugar protegido por la Divinidad, un país escogido. Sánchez le imprimió al milagro guadalupano una significación trascendente al ubicarlo como una revelación prefigurada en las Sagradas Escrituras.

Al leer en el *Apocalipsis* de san Juan frases como éstas: "Y una gran señal apareció en el cielo: una mujer vestida de sol, y la luna bajo sus pies, y sobre su cabeza una corona de estrellas", "y fueron dadas a la mujer dos alas de grande águila", Sánchez quedó convencido de que esas palabras debían ser interpretadas como una premonición del milagro guadalupano. Vio en la mujer apocalíptica vestida de sol a la virgen de Guadalupe, y en el águila alada el anuncio de la aparición de la Virgen en la cuenca de México, del mismo modo que antes el símbolo del águila había señalado el lugar de la fundación de México-Tenochtitlán. Recordó que la capital azteca tuvo por "blasón y escudo de armas [...] una águila real sobre un tunal", y de ahí extrajo deducciones sorprendentes: "advertí que cuando estaba en la tierra la mujer apocalíptica se vestía de alas y plumas de águila para volar:

era decirme que todas las plumas y los ingenios del águila de México se habían de conformar y componer en alas para que volase esta mujer prodigio y sagrada criolla". Como lo apuntó Francisco de la Maza, Sánchez es el primero en presentar a la Guadalupe como estandarte de México, mezclando en ese emblema las profecías apocalípticas cristianas con los símbolos de los antiguos mexicanos. En una curiosa viñeta que puso en su libro [FIG. 63] aparece la Virgen, pero no sobre el ángel, sino sobre un nopal, y atrás de ella las alas del águila.[28]

La asociación que hizo Sánchez entre la aparición de la Virgen, el antiguo emblema mexicano y el *Apocalipsis* de san Juan, cobró una fuerza inesperada cuando en 1737 se declaró a la Virgen Patrona de la ciudad de México, y más tarde fue elevada al rango de protectora de la Nueva España (1746). El papa Benedicto XIV consagró esa predilección por la Virgen morena en 1754, cuando la confirmó como protectora del reino y dispuso que se le dedicara una fiesta litúrgica en el calendario cristiano. Cada uno de esos acontecimientos fue celebrado en Nueva España con ceremonias impregnadas de emoción y júbilo, y un derroche de pompa, fiesta popular y acentuados sentimientos

[28] Francisco de la Maza, *El guadalupanismo mexicano,* FCE, México, 1984. El texto de Miguel Sánchez se encuentra en Ernesto de la Torre Villar y Ramiro Navarro de Anda (comps.), *Testimonios históricos guadalupanos,* FCE, México, 1982. Véase también mi interpretación en *Memoria mexicana,* pp. 392-411.

IMAGEN

DE

LA VIRGEN MARIA

MADRE DE DIOS DE GVADALVPE,

MILAGROSAMENTE APARECIDA EN LA CIVDAD

DE MEXICO.

CELEBRADA

En su Historia, con la Profecia del capitulo doze del
Apocalipsis. A devocion del Bachiller Miguel
Sanchez Presbitero.

DEDICADA.

AL SEÑOR DOCTOR DON PEDRO DE BARRIENTOS
Lomelin, del Consejo de su Magestad, Tesorero de la Santa Yglesia Metropolitana de Mexico. Goaernador, Tronisor, y Vicario de todos los Conventos de Religiosas de esta Ciudad, Consultor del Santo Officio de la
Inquisicion. Comissario Apostolico de la Santa Cruzada en todos
los Reynos, y Prouincias de este Nueua España,
&c.

Año de   1648.

CON LICENCIA. Y PRIVILEGIO,

En Mexico, En la Imprenta de la Viuda de Bernardo Calderon.
Vendese en su tienda en la calle de San Agustin.

*FIGURA 63. Portada del libro de Miguel Sánchez, con la Virgen
descansando sobre un nopal (1648). Foto basada en Cuadriello,
1995, p. 14.*

de identidad colectiva. La Virgen fue entonces aclamada como el símbolo más venerado por la población y recibió el juramento formal de fidelidad de las autoridades civiles y eclesiásticas.[29] Y naturalmente, cada una de esas "juras" le dio nuevas alas al simbolismo guadalupano. Uno de esos vuelos juntó la imagen de la Virgen con el emblema del águila posada en el tunal, y al quedar unidos esos dos símbolos fundacionales, desencadenaron un movimiento patriótico avasallador.

Para sorpresa de quienes rechazaron las especulaciones teológicas de Miguel Sánchez, sus ideas sobre el significado de la aparición de la Virgen se convirtieron en creencias comunes de la gente de la Nueva España. Y lo más interesante es que estas creencias, antes que divulgarse a través de libros, se transmitieron por medio de imágenes plásticas. Una serie de exposiciones recientes dedicadas a la pintura guadalupana, y la publicación de ricos catálogos y estudios minuciosos, permiten seguir la evolución de la iconografía guadalupana y precisar la forma como se establece la relación entre la Virgen y el emblema del águila y la serpiente.[30]

[29] Elisa Vargaslugo, "Iconología guadalupana", en *Imágenes guadalupanas,* p. 90; Jaime Cuadriello, *Maravilla americana. Variantes de la iconografía guadalupana,* Patronato Cultural de Occidente, México, 1984, pp. 72-84; Jaime Cuadriello, "Visiones en Patmos Tenochtitlán: la mujer águila", en "Visiones de Guadalupe", *Artes de México,* núm. 29, 1995, pp. 10-22.
[30] José Ignacio Conde y María Teresa Cervantes, "Nuestra

Jaime Cuadriello, un estudioso de las imágenes guadalupanas, observa que una representación de las ideas de Miguel Sánchez puede verse en la parte inferior de una hermosa pintura anónima que celebra la aparición guadalupana [FIGS. 64-65]. Ahí aparece san Juan el Evangelista sentado al pie de un árbol; pero el pintor, en lugar de ubicar al visionario en Patmos, lo ha trasladado al Valle de México, donde mira absorto la aparición de Guadalupe, ornada por un marco de nubes. Abajo de ella se advierte el águila posada en un nopal que brota de una isla de la laguna de México. ¡La visión que el Evangelista tuvo en la isla de Patmos se ha trocado en la aparición milagrosa de la Virgen y el águila en la isla de Tenochtitlán!

Otro lienzo de fines del siglo XVIII, que se encuentra en el templo oaxaqueño de Coixtlahuaca, representa la misma escena con mayor relieve. A la izquierda, el Evangelista hace una pausa en su escritura para contemplar arrobado a la Guadalupana, quien lleva alas y amenaza a una suerte de dragón de siete cabezas [FIG. 66].[31] En los años siguientes la unión entre la Virgen y las insignias

Señora de Guadalupe en el arte", *Álbum del 450 aniversario de las apariciones de Nuestra Señora de Guadalupe,* Buena Nueva, México, 1981; Jaime Cuadriello, *Maravilla americana. Imágenes guadalupanas. Cuatro siglos,* Centro Cultural de Arte Contemporáneo, México, 1987; Joaquín González Moreno, *Iconografía guadalupana,* OMGSA, México, 1989.

[31] Cuadriello, "Visiones en Patmos Tenochtitlán", p. 20; véase también la ponencia citada de Marta Terán.

FIGURA 64. En la parte inferior de esta bella pintura de la Guadalupana se ve a san Juan el Evangelista contemplando su aparición, y al lado el símbolo del águila, la serpiente y el nopal. Foto tomada de Cuadriello, 1995, p. 17.

FIGURA 65. San Juan Evangelista trasladado de Patmos a Tenochtitlán, donde contempla la aparición de la Guadalupana en la laguna, en el lugar preciso donde el águila combate a la serpiente, parada en el nopal emblemático. Foto tomada de Cuadriello, 1995, p. 17.

FIGURA 66. *Pintura de Gregorio José de Lara de la aparición de la virgen de Guadalupe, con la presencia de san Juan el Evangelista, quien ha dejado la escritura a un lado para contemplar el portento. Foto tomada de Cuadriello, 1995, pp. 11-12.*

de la antigua Tenochtitlán se volverá un motivo frecuente en la iconografía guadalupana.

En un grabado de Miguel Villavicencio, publicado por el editor Felipe Zúñiga y Ontiveros, la Virgen parece descansar en las grandes alas de un águila posada en el nopal emblemático. A la izquierda se advierte a san Juan el Evangelista en actitud de escribir la premonición del milagro, y a su derecha a Juan Diego, celebrando la aparición del portento [Fig. 67]. Esta y otras pinturas parecidas inspiraron la composición que se advierte en la fachada del templo del Oratorio de san Felipe Neri en Orizaba, dedicada a celebrar la consagración de Guadalupe como Patrona de la Nueva España. Ahí se ve que la Virgen está sostenida por las armas mexicanas, con san Juan Evangelista a la izquierda y Juan Diego a la derecha [Fig. 68]. Otra pintura de estilo indígena presenta a la Virgen parada sobre las armas de la antigua Tenochtitlán [Fig. 69].

Las obras plásticas dedicadas a celebrar los patronatos de la Virgen otorgados en 1737, 1746 y 1754, resaltan la presencia de las insignias mexicanas en forma muy notoria. La colorida pintura de José Ribera y Argomanis (1737) presenta la figura de Juan Diego a la izquierda, ofreciéndole a la Virgen la tilma y unas flores para que se produzca el milagro del estampamiento de la imagen. En el lado derecho un indígena, que representa al reino de la Nueva España, pronuncia las palabras

FIGURA 67. *Grabado en metal de Miguel de Villavicencio (siglo XVIII), con la imagen de la Virgen posada sobre las armas mexicanas. Foto tomada de Cuadriello, 1995, p. 19.*

FIGURA 68. *La virgen de Guadalupe descansando en las armas mexicanas, en la portada del templo del Oratorio de San Felipe Neri, de la ciudad de Orizaba. Foto tomada de Cuadriello, 1995, p. 19.*

FIGURA 69. *Lienzo anónimo indígena, del siglo XVIII, actualmente en la catedral de la ciudad de Toluca. Foto tomada de De la Maza, 1984.*

canónicas que eran la divisa de la Virgen en este siglo: *Non fecit taliter omni nationi* (no hizo nada igual con ninguna otra nación). En la parte inferior el águila posada en el nopal sostiene a la Virgen y los recuadros que describen el momento de la aparición [FIG. 70]. Otra pintura similar, fechada en 1746, muestra a la Virgen posada sobre las armas de Tenochtitlán. En el lado izquierdo, una alegoría de Europa le ofrece nada menos que la corona imperial, mientras que a la derecha una mujer que representa a América observa la escena [FIG. 71].

En una pintura de factura popular que también celebra el Patronato de la Virgen sobre el reino de la Nueva España, Juan Diego sostiene el ayate donde se ha estampado la Virgen. En el lado izquierdo se advierte a una india cacique vestida con *quexquemitl* y con el *copilli* en la cabeza, signo de realeza. En sus manos sostiene un medallón donde aparecen las armas mexicanas. A la derecha, una mujer que representa a España contempla la escena. Ambas se han puesto de hinojos, significando su devoción y fidelidad a la Virgen [FIG. 72]. Una pintura más representa el despliegue de la tilma con el milagro del estampamiento, y abajo el escudo de armas de Tenochtitlán [FIG. 73]. Otras pinturas ofrecen distintas versiones de estas imágenes en las que la virgen de Guadalupe aparece como la representación por excelencia del reino de la Nueva España [FIGS. 73-78].

FIGURA 70. *Celebración de la virgen de Guadalupe como patrona de la ciudad de México, 1737. Foto tomada de Cuadriello, 1995, p. 21.*

FIGURA 71. Pintura que celebra el patronato de la virgen de Guadalupe sobre el reino de la Nueva España en 1747. Foto tomada de Cuadriello, 1995, p. 52.

FIGURA 72. Pintura de la virgen de Guadalupe que celebra su patronato sobre el reino de la Nueva España. Foto tomada de Cuadriello, 1995, p. 20.

FIGURA 73. Anónimo. Alegoría de la virgen de Guadalupe, siglo XVIII. Foto tomada de González Moreno, 1989, p. 178.

Non fecit taliter omni nationi

FIGURA 74. *Grabado de Manuel Rodríguez que muestra a la virgen de Guadalupe con las armas mexicanas (1785). Foto tomada de Cuadriello, 1995, p. 22.*

FIGURA 75. *Pintura anónima del siglo* XVIII *alusiva a la tercera aparición de la Virgen a Juan Diego. El ángel de la derecha tiene en sus manos el escudo de Tenochtitlán. Foto tomada de Cuadriello, 1995, p. 50.*

FIGURA 76. *Impreso de 1743 en cuya portada se ve la imagen de la virgen de Guadalupe y abajo la insignia de la antigua Tenochtitlán. Foto basada en Terán, 1995, fig. 6.*

FIGURA 77. Grabado en metal de José Benito Orduño que representa la exaltación de la virgen de Guadalupe como patrona de Nueva España (1756). Abajo de la imagen se aprecia el escudo de armas de Tenochtitlán. Foto tomada de Cuadriello, 1984, p. 76.

A fines del siglo XVIII la imagen de Guadalupe se había convertido en un símbolo polisémico cuyas diversas representaciones afirmaban la identidad de los nacidos en la Nueva España. Era una expresión del reino de la Nueva España, una representación de la unidad y la diferenciación entre España y Nueva España [FIG. 78], la madre intercesora de los indios [FIG. 79] y la protectora celestial de la nueva población mestiza [FIG. 80]. En las escenas principales de estas pinturas, el virreinato manifiesta su individualidad frente a España, mientras que el despliegue de las armas mexicanas expresa la identidad con el territorio americano. Es decir, la imagen de la virgen de Guadalupe, acompañada con las insignias de la antigua Tenochtitlán, se convirtió en la representación más genuina del reino de la Nueva España: era el símbolo de lo propiamente mexicano; unía el territorio antiguamente ocupado por los mexicas con el sitio milagrosamente señalado para la aparición de la madre de Dios. En una forma poco usual, los conceptos de territorialidad, soberanía política, protección divina e identidad colectiva se fundieron en un símbolo religioso que a fines del siglo XVIII era el más venerado por los habitantes de Nueva España.

FIGURA 78. *Pintura de la virgen de Guadalupe que congrega la devoción de los indios caciques de Nueva España y de los reyes españoles (1740). Foto tomada de* **Imágenes guadalupanas**, *1987, p. 121.*

FIGURA 79. La virgen de Guadalupe como madre protectora de los indios. Este grabado de 1770 presenta a nueve indígenas arrodillados que observan con devoción el ayate donde se estampó la imagen de la Virgen. Foto tomada de Cuadriello, 1995, p. 51.

FIGURA 80. *Cuadro de la famosa serie de pinturas llamadas "Castas de la Nueva España", en la cual los diversos grupos étnicos aparecen protegidos por la virgen de Guadalupe (siglo XVIII). Foto tomada de González Moreno, 1989, p. 203.*

III. LA CREACIÓN DE LA BANDERA Y EL ESCUDO NACIONALES

PINTURAS y textos literarios muestran cómo sobrevivió y cobró nuevo rango la insignia de Tenochtitlán, y cómo a lo largo de tres siglos se amalgamó con la imagen de la virgen de Guadalupe. Veamos ahora cómo esos dos legados culturales e iconográficos convergen en el anhelo de crear un Estado independiente de España, fundado en los ideales de la tradición liberal europea.

En 1810, Miguel Hidalgo y Costilla, un cura ilustrado, encabezó a un grupo de patriotas deseosos de independizar a su país de España. Para darle apoyo a su causa, Hidalgo alzó como estandarte la imagen de la virgen de Guadalupe, y en breves meses reunió el ejército popular más numeroso que combatió por la independencia en América. En 1824, otro grupo de liberales consumó el movimiento iniciado por Hidalgo, enarbolando las banderas de la república, la libertad y la independencia. Entre esas dos fechas, el territorio de Nueva España fue teatro de dos guerras: una civil y otra de imágenes, esta vez entre los antiguos símbolos religiosos y las nuevas ideas políticas que se plasmaron en proclamas, congresos y constituciones de inspiración liberal.

114

La virgen de Guadalupe atrajo a las filas de la insurgencia a las masas indígenas, a miles de trabajadores y desempleados del campo y de las minas; y a los curas, letrados, militares, licenciados e individuos pertenecientes a los sectores medios y populares de las ciudades. En los años en que el movimiento liberador se expandió por el país, los diversos grupos que participaron en él se identificaban por ser católicos y guadalupanos. Pero los letrados y buena parte de los sectores medios no compartían las creencias míticas de los grupos populares y campesinos. Eran hombres formados en las ideas de la Ilustración y del patriotismo criollo y tenían un proyecto político moderno y secular. Sin embargo, cada uno de esos grupos diferentes hizo de la virgen de Guadalupe el emblema de su propia causa.

Solicitada por esos intereses diversos, la Virgen se convirtió en el emblema principal de la insurgencia y en el centro de un culto patriótico. Al grito de "¡Viva Nuestra Señora de Guadalupe y mueran los gachupines!", el ejército rebelde sumó nuevos adictos a su causa. Al ser incorporada a las tropas populares, la Virgen recibió el nombre de "María Insurgente". En la confusión entre creencias religiosas tradicionales y aspiraciones políticas modernas, que es propia de esta época, la virgen de Guadalupe recogió tanto la carga mítica de las masas indígenas y populares, como las aspiraciones libertarias de los grupos políticos más desarrollados del virreinato. Al absorber estas aspiraciones plurales, la Virgen alcanzó irradiación máxima como símbolo religioso y político de los mexicanos.[1] Nada tiene pues de extraño que Hidalgo, Morelos y otros jefes insurgentes escogieran los símbolos de la Virgen como distintivo de sus ejércitos [FIG. 81].[2] Hidalgo no sólo izó el estandarte de la Virgen a su paso por la iglesia de Atotonilco. Sabemos, por su propia confesión ante el tribunal militar e inquisitorial que lo juzgó, que en la madrugada del 16 de septiembre de 1810 ostentaba en su pecho un águila mexicana peleando contra un león español.[3]

Después de la muerte de Hidalgo, las fuerzas insurgentes acordaron celebrar una reunión para organizar el mando, que llamaron Suprema Junta Nacional Americana o Junta de Zitácuaro (1811).[4]

[1] Matt S. Meier, "María Insurgente", en *Historia mexicana,* vol. XXVIII, núm. 3, 1974, pp. 446-482; Jacques Lafaye, *Quetzalcóatl y Guadalupe,* pp. 187-188; Florescano, *Memoria mexicana,* pp. 503-509.

[2] En el interrogatorio que se le hizo a Hidalgo cuando fue hecho prisionero, declaró que sus hombres llevaban como escudo y "armas" imágenes guadalupanas y de Fernando VII, y "algunos también la Águila de México". Véase J. E. Hernández y Dávalos, *Colección de documentos para la historia de la Independencia de México, de 1808 a 1821,* José María Sandoval, impresor, México, 1877, t. I, p. 13; Ernesto Lemoine Villicaña, *Morelos y la revolución de 1810,* Gobierno del Estado de Michoacán, Morelia, 1978, p. 234, y Marta Terán, "El águila y la serpiente", pp. 16-18.

[3] Luis González Obregón, *Los procesos militar e inquisitorial del padre Hidalgo y otros caudillos insurgentes,* Ediciones Fuente Cultural, México, 1953, p. 264; Isabel Fernández y María del Carmen Nava, "He de comer de esa tuna", pp. 16-17.

[4] Moisés Guzmán Pérez, *La Junta de Zitácuaro, 1811-1813.*

FIGURA 81. Imagen de la virgen de Guadalupe en una de las banderas usadas por los insurgentes. Este lienzo se conserva en el Museo Nacional de Historia. Foto tomada de La bandera de México, 1985.

Ahí se esbozó la primera forma de gobierno revolucionario y el 19 de agosto de ese año se acordó la elección de un escudo para actas, proclamas y documentos oficiales [Fig. 82]. Este escudo recoge la imagen del águila parada sobre el nopal que se había afirmado durante el virreinato, y le agrega las banderas, los cañones y el estruendo de la guerra. Como se observa, el castillo hispano desapareció y quedó sólo un puente con tres vanos. Arriba del puente aparecen las iniciales del versículo que solía acompañar a la Guadalupana: *Non fecit taliter omni nationi*. A los lados del escudo cuelgan las ramas de encino y de laurel. Como se advierte, el águila está coronada y no aparece la serpiente. Una variante de ese escudo se puede apreciar en la Fig. 84. Es el mismo escudo que usó José María Morelos, el líder que sucedió a Hidalgo entre 1811 y 1815 [Fig. 84]. En 1812, Ignacio Rayón, otro jefe revolucionario, dio a conocer sus *Elementos constitucionales,* en los cuales señaló como celebraciones de carácter nacional el 12 de diciembre, el día que conmemoraba la aparición de la virgen de Guadalupe, y el 16 de septiembre, el día en que el cura Hidalgo lanzó el grito de independencia.[5]

Hacia la institucionalización de la insurgencia, Universidad Michoacana de San Nicolás de Hidalgo, Morelia, 1994.

[5] Ernesto Lemoine Villicaña, *Morelos. Su vida revolucionaria a través de sus escritos y de otros testimonios de la época,* México, 1985, p. 225; Carlos Herrejón, "Les origines du discours civique mexicain", *Cahieres du Centre du Recherches Historiques,* núm. 14/15, abril-octubre de 1995.

FIGURA 82. Escudo oficial de la Suprema Junta Nacional Americana establecida en Zitácuaro, en 1811. Foto tomada de Carrera Stampa, 1994, p. 113.

FIGURA 83. Variante del escudo usado por los miembros de la Suprema Junta Nacional Americana. Foto tomada de Carrera Stampa 1994, p. 115.

D. JOSE MARIA MORELOS, VOCAL DE LA SUPREMA JUNTA
NACIONAL GUBERNATIVA DE ESTOS DOMINIOS Y CAPI-
TAN GENERAL DE LOS EXERCITOS AMERICANOS EN EL
RUMBO DEL SUD &c. &c. &c.

P or quanto en la persona de D.

concurren las recomendables circunstancias de hon-
radez, expedicion, conocimientos, fidelidad y patriotismo que lo cons-
tituyen un noble y verdadero americano: he venido en concederle, como por el presente le concedo el titulo de

y usando de las amplias facultades que me son conferidas por dicha
suprema junta, le doy al citado D.   las que
el derecho previene, para el uso y exercicio de su empleo, en todos
los casos y cosas á él anexâs y concernientes; y prevengo á todos los
gefes militares, sus subalternos, intendentes, subdelegados nacionales,
sus tenientes, gobernadores de los pueblos, hacendados y hombres bue-
nos, lo hayan y tengan por tal

*FIGURA 84. Sellos y escudos utilizados por las tropas de José
María Morelos entre 1811 y 1815. Varios ejemplares y copias se
encuentran en el Archivo General de Nación. Foto tomada de
Terán, 1995, fig. 10.*

Los datos disponibles indican que fue José María Morelos quien por primera vez colocó el emblema del águila y el nopal en medio de una bandera insurgente [Fɪɢ. 85]. El centro de esta bandera tenía como motivo principal un águila de frente, con las alas extendidas, mirando hacia su derecha, parada sobre un nopal. Como se advierte, el águila de la bandera de Morelos es la misma que la del escudo de la Junta de Zitácuaro [Fɪɢ. 82]. En julio de 1815, mediante un decreto expedido en Puruarán, Morelos acordó que la bandera nacional debería tener "un tablero de cuadros blanco y azul celeste", los colores de la virgen María, y "en el centro las armas del gran sello de la nación". El escudo o sello tenía como "motivo principal un águila mexicana de frente, con las alas extendidas, mirando hacia su derecha, con una serpiente en el pico, parada sobre un nopal que nace de un lago. Todo esto circundado por un óvalo dorado, rematado con una corona de laurel y una cintilla blanca que dice: Independencia Nacional".[6]

Si los símbolos que se enarbolaron en la guerra de Independencia seguían apelando a identidades antiguas amparadas por emblemas religiosos, en los documentos políticos se comenzaron a definir otros principios para constituir a la nación. El principio de la libertad de los pueblos para autogobernarse fue el punto de partida de los insurrec-

[6] *La bandera de México,* Miguel Ángel Porrúa, Librero Editor, 1985, p. 106; Lemoine, *Morelos,* pp. 560-561.

FIGURA 85. Bandera usada por las tropas de Morelos. Foto tomada del Museo Nacional de Historia.

tos para reclamar la independencia: "ningún pueblo tiene derecho para sojuzgar a otro". Este principio, invocado en condiciones semejantes por otras naciones, tuvo en México una connotación peculiar. México se proclamó una nación libre y soberana, pero se definió como una nación antigua, anterior a la conquista española que la había sojuzgado. No se trataba de una nación que surgía con el movimiento insurgente, sino de una cuyas raíces se hundían en un pasado remoto y propio.

La idea de la antigua nación indígena fue una concepción asumida por los representantes del patriotismo criollo en los siglos XVII y XVIII. Pero correspondió a José María Morelos imprimirle a este mito criollo un contenido político nacionalista. En el discurso que inauguró las sesiones del Congreso de Chilpancingo, convocado el 14 de septiembre de 1813 para declarar la independencia, Morelos siguió un texto redactado por Carlos María de Bustamante y comparó la lucha de los mexicanos contra los españoles con la lucha emprendida por el pueblo de Israel para liberarse del yugo de los faraones egipcios. En una metáfora cargada de reminiscencias indígenas, comparó la acción libertadora de Dios en Egipto con el águila que protegía al pueblo de México con sus alas grandiosas y sus poderosos espolones. Al mismo tiempo, presentó a la Independencia como un acto restaurador de la antigua nación indígena y aseveró: "vamos a restablecer el imperio mexicano, mejorando el gobierno". La continuidad entre el pasado azteca y el presente insurgente la subrayó en otra parte de su discurso, que cobró la forma de una emotiva invocación étnica:

> Genios de Moctezuma, de Cacamatzin, de Cuauhtimotzin, de Xicoténcatl y de Catzonzi, celebrad [...] este dichoso instante en que vuestros hijos se han reunido para vengar vuestros desafueros y ultrajes, y liberarse de las garras de la tiranía [...] Al 12 de agosto de 1521, sucedió el 14 de septiembre de 1813. En aquél se apretaron las cadenas de nuestra servidumbre en México-Tenochtitlán, en éste se rompen para siempre en el venturoso pueblo de Chilpancingo.[7]

Como se advierte, para los patriotas que iniciaron el movimiento de Independencia la nación que aspiraban a liberar era una nación antigua. Esta idea, reafirmada con gran fuerza durante la guerra de liberación, se imprimió en la mente de la mayoría de quienes participaron en ese movimiento. Por esa razón, el Acta de Independencia firmada en 1821 decía que la nación había "recobrado el ejercicio de la soberanía usurpado". En la Constitución de Apatzingán (1815) se asentó que "ninguna nación tiene derecho a impedir a otra el uso de su soberanía. El título de conquista no puede legitimar los actos de la fuerza; el pueblo que lo inten-

---

[7] Carlos Herrejón, *Morelos, antología documental,* Secretaría de Educación Pública, México, 1985, pp. 133-154; Enrique Florescano, *Memoria mexicana,* pp. 512-513.

ta debe ser obligado por las armas a respetar el derecho convencional de las naciones".

El principio de la soberanía popular fue el otro gran pilar sobre el que se hizo descansar el proyecto político de los insurgentes. Morelos, al recoger el espíritu que animó a la insurrección popular, afirmó en los Sentimientos de la Nación que "la soberanía dimana inmediatamente del pueblo". En la Constitución de Apatzingán se asentó también que la "soberanía reside originalmente en el pueblo y su ejercicio en la representación nacional compuesta de diputados elegidos por los ciudadanos". A estos principios fundadores de la nación insurgente se unieron los provenientes de la gesta popular, del pensamiento ilustrado de los criollos y del pensamiento político moderno. En conjunto, estos principios afirmaron la igualdad de los mexicanos ante la ley, ratificaron la unidad de la población en torno de la religión católica, declararon que el objetivo fundamental del Estado era la persecución del bien común y definieron la nueva organización política de la nación.

Sin embargo, la organización política fundada en la república y asentada en los ideales liberales que venían de España, los Estados Unidos de América y de Francia, fueron los principios más combatidos por las fuerzas conservadoras que se habían asentado en la Nueva España. En 1820, los principios liberales se convirtieron en la bandera del grupo español que restableció la Constitución de Cádiz.

En ese año se convocó a Cortes y volvió a dominar el ambiente liberal de 10 años atrás. Entonces el anticlericalismo se convirtió en una actitud general; las cortes españolas emitieron una serie de decretos en contra del poder temporal de la Iglesia. Acordaron la supresión del fuero eclesiástico, la reducción de los diezmos, la abolición de las órdenes monásticas y de la Compañía de Jesús, y la desaparición de la Inquisición. En México, estas noticias causaron alarma y consternación entre la élite que gobernaba el reino. Los grupos más conservadores, ante el peligro de ver al país invadido por esta amenazante oleada liberal y anticlerical, comenzaron a contemplar una perspectiva que hasta entonces habían rechazado: la separación política de España.

Un programa basado en esas ideas fue encabezado por Agustín de Iturbide, un militar criollo que se había distinguido por sus campañas contra los insurgentes. En 1821 proclamó el Plan de Iguala, que se propuso unir a la élite novohispana temerosa de las ideas liberales que habían triunfado en España, a los militares que tenían mando de fuerzas y a los antiguos insurgentes que continuaban luchando por la independencia.[8] El Plan de Iturbide se resumía en tres puntos: religión, unión e independencia. Según Lucas Alamán, las ideas

[8] Luis Villoro, "La revolución de Independencia", *Historia general de México,* El Colegio de México, México, 1981, 2 vols., t. I, pp. 637-639.

esenciales de este plan eran "la conservación de la religión católica, apostólica, romana sin tolerancia de otra alguna; la independencia bajo la forma de gobierno monárquico moderado, y la unión entre americanos y europeos. Éstas eran las tres garantías, de donde tomó el nombre el ejército que sostenía aquel Plan, y a esto aluden los tres colores de la bandera que se adoptó y que ha venido a ser la bandera nacional".[9]

Al promulgarse el Plan de Iguala el 24 de febrero de 1821, Iturbide adoptó como bandera la denominada de las tres garantías [Fig. 86]. Según narra la tradición, Iturbide le encomendó al sastre José Magdaleno Ocampo, del pueblo de Iguala, la confección de la bandera trigarante. Los tres colores aparecieron en franjas diagonales y en el orden siguiente: "el blanco que simbolizaba la pureza de la religión católica; el verde que representaba el movimiento insurgente, o sea la Independencia, y el rojo, que figuraba al grupo español adherido al impulso libertador". En cada franja, en su parte superior se veía una estrella, y otra en el centro, sin el águila mexicana.

Al mismo tiempo que la lucha por la independencia adquirió un nuevo sesgo y un nuevo liderazgo, el renacimiento de los emblemas indígenas se hizo presente en distintos actos políticos. Iturbide, poco antes de hacer su entrada en la ciudad de México,

[9] Lucas Alamán, *Historia de Méjico,* Jus, México, 1969, 5 vols., t. v, pp. 78-79.

FIGURA 86. Bandera de las Tres Garantías, 1821. Foto tomada de Jiménez Codinach, 1997, p. 232.

FIGURA 87. Bandera del Imperio de Iturbide, 1822-1823. Como se advierte, presenta los colores verde, blanco y encarnado en franjas verticales, y con el águila coronada. Foto tomada de Jiménez Codinach, 1997, p. 247.

acordó con los miembros del cabildo cancelar el emblema de origen hispano que ornaba el escudo de armas de la ciudad y sustituirlo por el de la antigua Tenochtitlán.[10] Cuando el Ejército Trigarante entró a la ciudad de México y "quedó consumada la Independencia, Iturbide decretó, el 2 de noviembre de 1821, que la bandera de México fuese con los mismos colores, pero en franjas verticales y en el siguiente orden: verde, blanco y rojo; y al centro el águila, de perfil y con corona imperial, las alas caídas, posada sobre el legendario nopal nahoa" [FIG. 87].[11]

El plan de Iturbide recibió el apoyo de las fuerzas que contendían en la arena política, y el 21 de septiembre de 1821 hizo su entrada triunfal el ejército de las tres garantías en la ciudad de México. En una escena muy emotiva, que muchos capitalinos grabaron en su memoria, el ejército libertador fue recibido por un despliegue inusitado de banderas tricolores, en cuya parte central figuraba el águila mexicana [FIGS. 88-90]. Siguiendo la tradición que se había establecido cuando se hizo jurar la Constitución de Cádiz en 1812, que a su vez recordaba las ceremonias que juraron de-

---

[10] Jochen Meissner, "De la representación del reino a la Independencia. La lucha constitucional de la élite capitalina de México entre 1761 y 1827", en *Historia y Grafía,* núm. 6, 1996, pp. 11-35.

[11] *Diccionario Porrúa de historia, biografía y geografía de México,* México, 1964, 2 vols., t. I, p. 215; véase también las obras citadas de Iguíniz, *El escudo de armas nacionales;* y Carrera Stampa, *El escudo nacional.*

FIGURA 88. Entrada del Ejército Trigarante a la ciudad de México en 1821. Foto tomada de Benítez, 1982, t. 2, pp. 218-219.

FIGURA 89. Entrada de Agustín de Iturbide a la ciudad de México. Las banderas tricolores desplegadas en los edificios presentan los colores en franjas verticales. Foto tomada de Jiménez Codinach, 1997, p. 259.

voción a la virgen de Guadalupe en 1737, 1746 y 1754, Iturbide acordó celebrar el día de la Independencia en cada uno de los pueblos y ciudades del país. Así, con una mezcla de tradiciones religiosas y actos políticos modernos, el 21 de septiembre de 1821 fue un día festejado en todo el territorio con ceremonias semejantes. Ese día quedaron consagrados en el calendario cívico el desfile militar [Figs. 90-91], los discursos que exaltaban el valor de los hombres y mujeres que encabezaron la insurgencia [Figs. 93 - 94] y la fiesta popular que unió a los diversos sectores de la población en el entusiasmo de reconocerse independientes bajo la insignia y los colores de la bandera nacional.[12]

Por el decreto del 2 de noviembre de 1821 se acordó que la bandera nacional tuviera los mismos colores que la bandera del Ejército Trigarante y por escudo el águila parada sobre un nopal, y a sus lados banderas, tambores y armerías [Fig. 94]. Ese decreto estableció las siguientes normas para representar la bandera y el escudo nacionales:

1º Que las armas del imperio para toda clase de sellos, sea solamente el nopal nacido de una peña que sale

[12] Javier Ocampo, *Las ideas de un día. El pueblo mexicano ante la consagración de su independencia*, El Colegio de México, México, 1969; Enrique Florescano, "Les origines de la mémoire nationale. La célébration du triomphe de l'indépendance en 1821", en François Xavier Guerra (comp.), *Mémoires en Devenir. Amérique Latine XVIe-XXe siècle*, Maison des Pays Ibériques, Burdeos, 1994, pp. 157-176.

FIGURA 90. *Entrada victoriosa de Agustín Iturbide y el Ejército Trigarante en la ciudad de México. Foto tomada de Jiménez Codinach, 1997, pp. 256-257.*

FIGURA 91. *Agustín de Iturbide, acompañado de sus generales, hace su entrada triunfal en la ciudad de México el 21 de septiembre de 1821. Foto tomada de Jiménez Codinach, 1997, p. 252.*

FIGURA 92. *Pintura anónima con los retratos de Iturbide y sus ilustres contemporáneos coronados por el águila mexicana. Foto tomada de Jiménez Codinach, 1997, p. 242.*

FIGURA 93. *Festejos en la Plaza Mayor el 27 de octubre de 1821. Foto tomada del Museo Nacional de Historia.*

FIGURA 94. a) *Escudo de la Bandera del Imperio de Iturbide, 1821. Foto tomada de Iguíniz, 1920, p. 25; b) Escudo del Imperio de Iturbide que se encuentra en la mapoteca del Archivo General de la Nación. Foto tomada de Terán, fig. 17.*

de la laguna, y sobre él parada, en el pie izquierdo, una águila con corona imperial.

2º Que el Pabellón Nacional y banderas del ejército deberán ser tricolores, adoptándose perpetuamente los colores verde, blanco y encarnado en fajas verticales y dibujándose en la blanca una águila coronada.[13]

La declaración de Independencia significó también el fin de una guerra civil prolongada y desastrosa, y por ello suscitó un júbilo contagioso y fue motivo de innumerables festejos [FIG. 93]. La conmemoración de la Independencia, además de impulsar el discurso cívico y apoderarse de los espacios públicos, promovió la creación de incontables arcos triunfales, carros alegóricos, pinturas y obras populares donde se representaba a la patria liberada, a sus héroes y a sus emblemas. Entre las imágenes más populares de esa época sobresalen la de la patria rompiendo sus cadenas y la del águila mexicana que remonta el vuelo liberada de sus antiguas ataduras [FIGS. 95-99]. En otras imágenes, como en la pintura dedicada a celebrar la coronación de Iturbide, el león español es derrotado por el águila mexicana [FIG. 100]. El antiguo emblema mexicano también fue adoptado por el sector eclesiástico que apoyó la coronación de Iturbide. El arcediano de Valladolid y antiguo prote-

---

[13] *La bandera de México,* pp. 12 y 124; Ocampo, *Las ideas de un día,* pp. 287-288.

FIGURA 95. *Pintura anónima con una representación del Imperio mexicano. La mujer indígena se ha transformado en una criolla con corona, carcaj y banda tricolor. Foto tomada de Cuadriello, 1994, p. 394.*

FIGURA 96. Obelisco con las armas mexicanas, principios del siglo XIX. Foto tomada de Cuadriello, 1994, p. 392.

FIGURA 97. Alegoría de la Independencia que muestra a un soldado del Ejército Trigarante liberando a la patria de sus cadenas. Foto tomada de Cuadriello, 1994, p. 392.

FIGURA 98. Retrato y epigrama conmemorativo de uno de los héroes de la independencia, Ignacio Allende, 1824. Foto tomada de Cuadriello, 1994, p. 392.

FIGURA 99. Pintura anónima que presenta una alegoría de la Independencia. Las figuras de Hidalgo e Iturbide presiden el momento de liberación de la patria, figurado por el vuelo en ascenso del águila. Foto tomada de Cuadriello, 1994, p. 393.

gido de Manuel Abad y Queipo, Manuel Bárcena, fue el encargado de pronunciar el sermón en la sesión solemne que aprobó la creación de la Orden Imperial de Guadalupe en diciembre de 1822. En esa ocasión, en que otra vez se unió la Virgen con el águila y el nopal, Bárcena subrayó la existencia de la "nación soberana" que sustituyó al "gobierno extranjero" y aseveró que "el águila mexicana se apareció de nuevo triunfante en su nopal".[14]

Al mismo tiempo que el pueblo festejaba entusiasmado la independencia, y los escritores reflexionaban sobre las causas de la liberación y las razones que la hicieron necesaria, irrumpió en los festejos la idea de *restaurar* el antiguo imperio mexicano, de proponerle un nuevo futuro a la nación indígena que había sido subyugada por la conquista. Luis Villoro advierte que "en esos breves meses de delirante entusiasmo, en que toda la nación se unía ante la esperanza de participar en la era de gloria y prosperidad que creían iniciada, la primera palabra para designar al país naciente fue siempre la misma: Imperio". Esta denominación se ajustaba al optimismo desbordado que en esos días imaginó un país dotado de riquezas fabulosas. Villoro sugiere que "el nuevo nombre simbolizaría, a la vez, la

[14] Agradezco a David A. Brading esta cita, que recoge en su obra *Una Iglesia asediada: el obispado de Michoacán, 1749-1810*, FCE, México, 1994, p. 279.

negación de la Nueva España y el encuentro con lo indígena".[15]

Esta idea la encontramos también en los escritos de Servando Teresa de Mier, quien veía en la guerra contra los españoles "el término de su imperio en los indios", y consideraba a éstos los "antiguos y legítimos dueños del país, a quienes una conquista inicua no había podido privar de sus derechos". Asimismo, estas ideas fueron divulgadas con gran fervor por Carlos María de Bustamante,[16] y se expresaron en las alegorías, ceremonias, discursos y papeles que saludaron la consumación de la independencia.

En una de las alegorías que festejaron la consumación de la independencia, titulada "La resurrección de América", aparecía "una mujer con vestido de indígena representando a América. Cerca de ella se ve a Iturbide con una corona en la mano en actitud de ceñírsela: en el fondo aparece el águila imperial y un sol que da reflejos a una leyenda que dice: todo renace". Javier Ocampo

[15] Luis Villoro, *El proceso ideológico de la revolución de Independencia*, Universidad Nacional Autónoma de México, México, 1981, p. 170.

[16] Véase estos argumentos en Servando Teresa de Mier, *Cartas de un americano, 1811-1812*, nota previa de Manuel Calvillo, Partido Revolucionario Institucional, México, 1976; y particularmente en su *Historia de la revolución de Nueva España*, edición crítica, A. Saint-Lu y M. C. Bénassy-Berling (coords.), Publications de la Sorbonne, París, 1990; y en las obras de Carlos María de Bustamante, *Cuadro histórico de la Revolución mexicana*, edición facsimilar de la de J. Mariano Lara, México, FCE, México, 1985, 5 vols.

señala que esta revitalización del mundo indígena "la encontramos también en las alegorías de las carrozas, en donde América aparece siempre vestida con traje indígena y en actitud de liberarse de las cadenas opresoras" [Fig. 101]. En las poesías de ese tiempo, dominadas por el estilo neoclásico, uno de los tópicos más frecuentes es el del "águila mexicana cautivada durante trescientos años por el león hispano", la cual finalmente recobra "sus derechos y se eleva enhiesta con majestad para [...] restaurar el imperio mexicano". En otro escrito se dice que "debe ponerse en manos del grande Iturbide el restablecido cetro de Moctezuma. ¿A quién más merecidamente sentaremos en el solio de Anáhuac, que al mismo que lo arrebató de las garras de sus usurpadores?"[17]

La idea de que la independencia significaba el restablecimiento del antiguo imperio mexicano se estampó en la misma *Gaceta Imperial de México,* el periódico oficial del imperio, que en su primer número afirmó: "Después de trescientos años de llorar el continente rico de la América Septentrional la destrucción del imperio opulento de Moctezuma, un genio [...], en el corto periodo de siete meses, consigue que el Águila Mexicana vuele desde el Anáhuac hasta las provincias más remotas del Septentrión, anunciando a los pueblos que está restablecido el imperio más rico del globo".[18]

[17] Ocampo, *Las ideas de un día,* pp. 23, 30-31, 41, 73 y 225-229.
[18] *Ibid.,* pp. 225-226.

FIGURA 100. Alegoría de la coronación de Agustín de Iturbide en 1822. En esta pintura de José Ignacio Paz se advierte, en el lado derecho, al águila mexicana destruyendo al león español. Foto tomada del Museo Nacional de Historia.

FIGURA 101. Alegoría de la consumación de la Independencia. En esta pintura popular, Hidalgo corona a la mujer mestiza que representa a la Patria, mientras que Iturbide y el águila mexicana rompen sus cadenas. Foto tomada por Gustavo López, Museo Casa de Hidalgo, Dolores Hidalgo, Guanajuato.

La fuerza de esta idea, por completo opuesta a la tesis de la emancipación sostenida por los grupos que apoyaban a Iturbide, puede medirse por el hecho de que fue incorporada al texto del Acta de Independencia, que comienza con la siguiente declaración: "La nación mexicana que por trescientos años ni ha tenido voluntad propia, ni libre uso de la voz, sale hoy de la opresión en que ha vivido".

La inclusión de estas frases en el Acta de Independencia provocó duras críticas de algunos contemporáneos, y más tarde del líder del grupo conservador, Lucas Alamán. Uno de estos críticos, haciendo valer la lógica, observaba:

> Decir que la nación recuperaba la voz, después de 300 años de opresión, era tanto como dar por cierto que en esa nación no existió algo que pudiera parecerse a la nación mexicana [...] Las palabras del Acta de Independencia habrían sido lógicas si el Acta hubiera sido redactada por aztecas, sólo así. Firmada por hijos de españoles, aquello era una monstruosidad. Mal nacimos, arrepentidos de nuestros padres.[19]

Las profundas vetas del indigenismo que los criollos comenzaron a descubrir desde el siglo XVII, y que maduraron en el siglo XVIII en la obra de Francisco Javier Clavijero, eran un rasgo común entre los sectores populares en la época de la independencia. Como dice Luis Villoro, estos extendidos sentimientos pro indigenistas fueron

[19] *Ibid.*, p. 225.

una de las mayores fuerzas que se opusieron a la venida de un borbón según lo estipulado en el Plan de Iguala, y facilitaron indirectamente la realización de las ambiciosas miras de Iturbide. El mismo [Carlos María de] Bustamante, enemigo de la tiranía y partidario de la república, se dejó arrastrar a tal grado por el fascinante proyecto, que escribió en 1821 un elogio de los antiguos reyes texcocanos con el siguiente título: "Galería de los antiguos príncipes mexicanos dedicada a la suprema potestad que *les sucediere* en el mando". La dedicatoria, dirigida a don Agustín de Iturbide, rezaba: Señor, la Providencia os destina para que ocupéis el trono de unos emperadores cuyo retrato os he trazado [...] haceos digno de llamaros el *Nuevo Netzahualcóyotl.*[20]

Los escritos, símbolos, alegorías y discursos que festejaron la consumación de la independencia, muestran que la celebración de ese acontecimiento fue uno de los momentos más intensos en la formación de una incipiente conciencia histórica nacional. Un momento de eclosión colectiva en búsqueda de identidad, un instante de libertad único, en el que sin cortapisas, fluyendo de lo más profundo de las conciencias, emergieron los anhelos y proyectos más variados para darle sustento a la nación liberada.

Cuando Iturbide abdicó la corona en febrero de 1823, el Congreso Constituyente adoptó la repú-

[20] Villoro, *El proceso ideológico,* p. 171; Florescano, "Les origines de la mémoire nationale".

blica como forma de gobierno. En la Constitución federal de 1824 se ve el águila, combatiendo con la serpiente, sin corona, parada sobre el nopal heráldico, el cual brota del montículo que emerge de la laguna [Fig. 102]. Es decir, desde su adopción por la Suprema Junta Nacional en 1811, el escudo con el águila y el nopal se mantuvo como insignia del movimiento insurgente, con ligeras variaciones. A su vez, la insignia de Morelos fue el modelo adoptado por la bandera del Ejército Trigarante, la cual le añadió los colores verde, blanco y encarnado que hasta la fecha se mantienen y que provienen de la tradición inaugurada por la Revolución francesa en 1789.[21] Con todo, no falta quien diga que esos tres colores estaban ya presentes en la iconografía guadalupana, como se advierte en las Figs. 61, 70-71. Lo cierto es que esta bandera tricolor, en cuyo centro figuraba el antiguo escudo de armas de Tenochtitlán, se convirtió en el símbolo representativo de la nación independiente, y en la imagen visual que en los actos públicos identificaba a la patria liberada y expresaba los sentimientos de unidad e identidad nacionales. Fue el primer emblema cívico, no religioso, que unió a la antigua insignia indígena de los mexicas con los principios y las banderas surgidas de la guerra de liberación nacional [Fig. 103].

[21] Iguíniz, *El escudo de armas nacionales,* pp. 27-28; Carrera Stampa, *El escudo nacional,* pp. 119-151; Lucien Philippe, "The French Tricolor and its Influence Throughout the World", *The Flag Bulletin,* 10, 1971, pp. 55-68.

FIGURA 102. a) Escudo de la República Federal Mexicana de 1824. Foto tomada de Rodríguez, 1994, p. 141; b) Alegoría de la República Federal, con un águila posada en un nopal cuyas hojas representan a cada uno de los estados de la federación. Foto tomada de La bandera de México, 1985, p. 128.

FIGURA 103. Escudo Nacional hecho con plumas de aves preciosas. Foto tomada de Garza de León, 1995, p. 121.

IV. CARACTERÍSTICAS DEL EMBLEMA MEXICANO: ANTIGÜEDAD, REPRESENTATIVIDAD Y PARTICULARISMO

PARA concluir, quisiera resaltar tres rasgos que distinguen al emblema mexicano. Algunos autores, al estudiar las características de los emblemas nacionales, observan que el rasgo más notable en ellos es el predominio de los símbolos antiguos sobre los recientes: la regla es que lo antiguo es lo más sagrado ("The rule should be that the older is holier").[1] Los mexicanos, después de tres siglos de dominio español, de imposición de símbolos extraños y de búsqueda de nuevas señales de identidad, al consumar la independencia en 1821 recuperaron la antigua insignia azteca y la impusieron como icono de la bandera y del escudo nacionales.

La explicación más plausible de esta decisión es que el emblema indígena era un símbolo antiguo, ornado por el prestigio inconmensurable de la duración, pues había probado que era capaz de

---

[1] Don Handelman y Lea Shangar-Handelman, "Shaping Time: The Choice of the National Emblem of Israel", Emikho Ohnuki-Tierney (comp.), *Culture Through Time. Anthropological Approaches,* Stanford University Press, Stanford, 1990, p. 218.

resistir los efectos destructivos del paso del tiempo. El antiguo blasón indígena se había impuesto al embate de otros símbolos que en distintos momentos amenazaron con asumir la representación nacional.[2] Ese emblema era, asimismo, un símbolo de la resistencia indígena que había enfrentado a la invasión española, y quizá por eso concentró en él las nociones de legitimidad y defensa del territorio autóctono.

Es verdad que durante la época colonial persistió el *altépetl,* la antigua institución indígena que simbolizaba el territorio ocupado, la sede del Estado y la residencia del *tlatoani.*[3] Pero esta institución, al ser absorbida por el cabildo español, no pudo asumir los anhelos de solidaridad que subyacían en la población indígena, ni responder a las demandas de identidad de los sectores criollos y mestizos. En cambio, el emblema del águila y la serpiente, al mezclarse con la virgen de Guadalupe e infundirle a esa imagen un acentuado sello de mexicanidad, se transformó en un catalizador mítico que afirmaba la identidad indígena con el pasado remoto. Y para los criollos y mestizos vino a ser un puente entre su presente incierto y un pasado ilu-

[2] Véase las páginas que Valerio Valeri le dedica a las cualidades legitimadoras del pasado en su ensayo "Constitutive History: Genealogy and Narrative in the Legitimation of Hawaian Kingship", pp. 154-164.

[3] Sobre la continuidad del altépetl prehispánico en la sociedad colonial véase el libro de Bernardo García Martínez citado en la nota 5 del capítulo 1, y James Lockhart, *The Nahuas after the Conquest,* Stanford University Press, Stanford, 1992.

minado por el prestigio de la antigüedad. De este modo, el emblema indígena comunicó a estos grupos diversos una imagen del pasado que reunía las nociones de origen, parentesco, grandeza, vitalidad, legitimidad y prestigio. Como observa Valerio Valeri, "a fin de cuentas, la sociedad, al establecer comunicación con su imagen en el tiempo triunfando sobre el tiempo, crea su historia (que incluye sus reglas definitorias y sus efectos), constituye a esa sociedad y la hace persistir".[4] Es la misma concepción que Eric Hobsbawn encuentra en la fundación de las naciones modernas:

No deberíamos despistarnos por una paradoja curiosa aunque comprensible. Por lo general, las naciones modernas y todo su bagaje declaran su oposición a lo

[4] Valerio Valeri, "Constitutive History", pp. 162-163. La cita en inglés es la siguiente: "In the end, by allowing a society to communicate with its image in time triumphing over time, its history (which includes its defining rules and their effects) constitutes that society and makes it endure". En apoyo de esta afirmación, Valeri trae a cuento las siguientes palabras de Lévy-Bruhl acerca de la relación entre mito e historia sagrada: "Cuando un mito narra las aventuras, hazañas, buenas acciones, la muerte y la resurrección de un héroe civilizador, lo que resulta especialmente interesante y conmovedor para quien lo oye no es el hecho mismo de haberle dado a la tribu la idea de hacer fuego o de cultivar maíz. Lo que sucede es más bien, como en la historia sagrada, que el grupo es capaz de participar de su propio pasado, que lo siente vivo, en una especie de comunión mística con aquello que le dio existencia. En suma, los mitos son para la mentalidad primitiva tanto una expresión de la solidaridad del grupo social consigo mismo en el tiempo y con otros seres que lo rodean, como una forma de perpetuar y reavivar el sentimiento de esa solidaridad".

nuevo, su arraigo en la más remota antigüedad y su
distinción de lo construido; esto es, su esencia como
sociedades humanas tan "naturales" que sólo necesi-
tan de la propia afirmación para definirse.[5]

Desde los innovadores estudios de Francisco de
la Maza se había destacado el papel desempeñado
por la virgen de Guadalupe en la formación del
patriotismo criollo.[6] Pero no se había reparado en
la decisiva participación del emblema del águila
y la serpiente en la creación de los lazos de identidad colectiva que se forjaron en los siglos XVII y
XVIII. Los testimonios aquí acumulados, particularmente los iconográficos, indican que el antiguo
escudo mexica, al cobijarse bajo el manto de un
símbolo religioso venerado, rebasó los confines
culturales del mundo nahua donde había nacido

[5] Eric Hobsbawn y Terence Ranger (comps.), *The Invention
of Tradition,* Cambridge University Press, Nueva York, 1984,
p. 14. La cita en el original inglés es la siguiente: "We should
not be misled by a curious, but understandable, paradox: modern
nations and all their impedimenta generally claim to be the
opposite of novel, namely rooted in the remotest antiquity,
and the opposite of constructed, namely human communities so
'natural' as to require no definition other than self-assertion".

[6] Además de los estudios ya citados de Francisco de la Maza,
Jacques Lafaye y Matt S. Meier, véase David A. Brading, *Los
orígenes del nacionalismo mexicano;* Eric R. Wolf, "The Virgin
of Guadalupe: A Mexican National Symbol", *Journal of American Folklore,* American Folklore Society, Washington, 1987;
William B. Taylor, "The Virgin of Guadalupe in New Spain: An
Inquiry into the Social History of Marian Devotion", *American
Ethnologist,* vol. 14, 1987, pp. 9-33; y Richard Nebel, *Santa María Tonatzin Virgen de Guadalupe. Continuidad y transformación
religiosa en México,* FCE, México, 1995.

y se convirtió en un símbolo proveedor de atractivas señales de identidad para diversos sectores de la población.

Como se ha visto, a principios del siglo XVI el estandarte mexica sólo era alzado por los grupos de filiación nahua. Era la insignia de este grupo étnico y un símbolo de identidad que recordaba el poder de la antigua capital indígena. Así lo vieron también los primeros cronistas indianos, quienes lo evocaban con nostalgia. A fines de ese mismo siglo, el emblema mexica es reivindicado como símbolo indígena en diferentes monumentos religiosos construidos en distintas partes del reino (Tecamachalco y Calpan, en Puebla; Ixmiquilpan, en Hidalgo; Tulpetlac y Tultitlán, en el Estado de México; Yuriria, en Michoacán). Pero en el siglo XVII comienza a ser adoptado por diversos grupos criollos y mestizos, quienes lo oponen a las insignias provenientes de España y luchan por su rehabilitación como emblema de la capital de la Nueva España. En el siglo siguiente, el emblema indígena da un salto definitivo: se vuelve un signo común en todo el reino. Se usa como símbolo territorial para señalar los planos de la ciudad de México y para timbrar los mapas y cartas geográficas del virreinato. Se le imprime reiteradamente en las historias, crónicas, gacetas y revistas de la época, donde adquiere el rango de emblema prestigioso de la patria americana, que algunos empiezan a nombrar mexicana. Lo mismo ocurre en la pintura, el grabado o la arquitectura, donde se generaliza su uso para denotar lo que es propio del país. Es tan fuerte su influencia y tan grande su aceptación, que desde mediados de ese siglo el emblema del águila y el nopal se estampa en los documentos oficiales de la ciudad y en los que aluden al virreinato. De este modo, a través de conquistas y mediaciones sucesivas, con una fuerza insospechada en su tiempo e inadvertida por la investigación contemporánea, el escudo del águila y la serpiente deja de ser el símbolo de la etnia mexica y deviene un emblema colectivo, que refiere a un mito que suscita los sentimientos de comunión, solidaridad e identidad entre diversos sectores de la población.

Con excepción de la virgen de Guadalupe, ningún otro emblema tuvo esa irradiación. Pero en contraste con la Guadalupana, que desde el principio se presentó como un símbolo religioso, el emblema mexica era un símbolo pagano, transmisor de un mensaje de identidad político, pues solicitaba la adhesión a los valores indígenas. De modo que su aceptación por criollos, mestizos, indígenas y autoridades españolas significó el mayor logro alcanzado por un símbolo de identidad en ese tiempo. Puede entonces decirse que la segunda característica del emblema del águila y la serpiente es su representatividad, su capacidad para convocar a grupos y clases diversos.

La independencia de los Estados Unidos de América y la Revolución francesa aceleraron la forma-

154

ción de los emblemas nacionales. El uso de varios colores en las banderas, la reglamentación del tamaño, la determinación de la forma de los estandartes y la definición de los símbolos se volvieron prácticas comunes.[7] En México también se adoptaron esos modelos, pero al estamparse la antigua insignia de los mexicas en el blanco de la bandera tricolor, se conservó la individualidad de la representación nacional. Para distinguir la insignia se acudió a la fuerza del emblema indígena, y esa decisión volvió a unir a la nación proyectada hacia el futuro con sus raíces más antiguas.

[7] Sasha R. Weitman, "National Flags: A Sociological Overview", *Semiotica*, VIII, 4, 1973, pp. 328-367; Lucien Philippe, "The French Tricolor and Its Influence Throughout the World", pp. 55-68.

EPÍLOGO

Este recorrido por varios siglos de la historia mexicana muestra que en esas sociedades los símbolos visuales fueron los transmisores más eficaces de mensajes políticos y culturales. Esta comprobación quizá debería animar a los estudiosos de la historia de México a explorar con otros ojos la riquísima información iconográfica atesorada en el territorio y los monumentos, además de la que se encuentra en los archivos y bibliotecas.

Debo decir, por otra parte, que esta lectura de los símbolos de identidad contradice la tesis de los historiadores y antropólogos que afirmaron que la conquista española hizo tabla rasa de las antiguas culturas mesoamericanas.[1] La revalorización que aquí se ha hecho del emblema del águila y la ser-

---

[1] Por ejemplo, el historiador francés Robert Ricard aseveró, en su conocido e influyente libro, *La conquista espiritual de México* (Jus Polis, México, 1947), que los indígenas del centro y sur de México habían sido completamente cristianizados, adoptando con entusiasmo la nueva fe y sus valores. Una crítica a esta interpretación puede verse en Jorge Klor de Alva, "Spiritual Conflict and Accomodation in New Spain: Toward a Typology of Aztec Responses to Christianity", George A. Collier, Renato I. Rosaldo y John D. Wirth (comps.), *The Inca and Aztec States 1400-1800: Anthropology and History,* Academic Press, Nueva York, 1982, y James Lockhart, *The Nahuas after the Conquest,* pp. 2-5.

piente muestra que los símbolos de las culturas mesoamericanas resistieron con éxito la invasión de los símbolos europeos, y a la postre se impusieron a ellos.

Algunos antropólogos, al estudiar los procesos de la dominación española en Mesoamérica, afirmaron que los actores europeos desempeñaron el papel protagónico, mientras que los grupos indígenas se mantuvieron pasivos o se aislaron en sus comunidades sin participar en los acontecimientos que modelaron a la sociedad colonial.[2] Apoyados en esas ideas, la mayoría de los estudios modernos y contemporáneos que se refieren a los orígenes de la nación mexicana, o a los temas de nación y nacionalismo, comienzan con la Conquista o con la Independencia, sin referirse al pasado indígena.[3] Este ensayo, por el contrario, parte de

[2] Un ejemplo de esta tesis puede verse en Eric R. Wolf, "Closed Peasant Communities in Mesoamerica and Central Java", *Southwestern Journal of Anthropology,* vol. 13, núm. 1, 1957, pp. 1-19.

[3] El primero en proponer esta interpretación fue el gran historiador conservador Lucas Alamán: *Historia de México* (primera edición, 1849-1852), Jus, México, 1986, 5 vols. En nuestros tiempos, han seguido este parteaguas temporal los siguientes autores, entre muchos otros: José Vasconcelos, *Breve historia de México,* Botas, México, 1937; Silvio Zavala, *Apuntes de historia nacional, 1808-1974* (primera edición, 1940-1943), FCE, México, 1990; Josefina Vázquez de Knauth, *Nacionalismo y educación en México,* El Colegio de México, México, 1970; David A. Brading, *Los orígenes del nacionalismo mexicano* (primera edición, 1973), Era, México, 1980; Cecilia Noriega Elio (comp.), *El nacionalismo en México,* El Colegio de Michoacán, Zamora, 1992; Héctor Aguilar Camín, "La invención de México. Notas

158

la raíz indígena y muestra que desde el siglo XVI hasta el fin del periodo colonial los grupos indígenas y mestizos no cesaron de participar en los procesos sociales y culturales que definieron la historia de Nueva España y de la nación independiente.

Contra la idea de una cultura indígena inerte, este ensayo muestra que en la época colonial y en las primeras décadas del siglo XIX los grupos indígenas y mestizos defendieron tenazmente sus símbolos de identidad y mantuvieron un comercio activo con los legados procedentes de Europa. No sólo resistieron la cultura invasora, sino que imaginaron las formas más sutiles para instalar sus propias tradiciones como símbolos representativos de grandes sectores de la población. Es cierto que en el triunfo de esos símbolos fue decisiva la participación de los criollos y mestizos, quienes los asumieron como símbolos de identidad propios. Pero esa revalorización no hubiera sido posible sin la motivación de la población indígena para promoverlos como representaciones intransferibles de su identidad, y sin la decidida voluntad de defenderlos como emblemas de la nación aborigen.

Estos argumentos, y otros semejantes, vienen a sumarse al animado debate que se ha desatado sobre las identidades nacionales y los símbolos que las representan. Pero al menos este ensayo sugiere que el enfoque histórico continúa siendo un ins-

sobre nacionalismo e identidad nacional", *Nexos,* julio de 1993, pp. 49-68.

trumento de comprensión incisivo y abarcador, pues muestra cómo los distintos actores colectivos, al hacer valer sus propias reivindicaciones, mudaron y renovaron los antiguos emblemas de identidad. Al chocar estos conceptos unos con otros, y al enfrentar a los que llegaron de fuera, produjeron símbolos ingeniosos que intentaron recoger lo viejo en lo nuevo bajo distintos ropajes conceptuales y recurriendo a variados medios simbólicos. En otras palabras, el análisis histórico muestra que las identidades colectivas no son entes inmutables cristalizados en el tiempo para siempre. Por el contrario, como se ha visto aquí, son concepciones constantemente recreadas y cambiantes. Por otra parte, el análisis histórico, al mantener el oído atento a los murmullos del pasado y a los asedios del presente, no puede olvidar la amonestación del poeta, quien nos recuerda la hondura que tiene entre nosotros la herencia indígena y nuestra responsabilidad para hacerla parte de la cultura mestiza que juntos hemos forjado. Dice Alfonso Reyes:

Cualquiera que sea la doctrina histórica que se profese (y no soy de los que sueñan en perpetuaciones absurdas de la tradición indígena, ni siquiera fío demasiado en perpetuaciones de la española), nos une con la raza de ayer, sin hablar de sangres, la comunidad del esfuerzo por domeñar nuestra naturaleza brava y fragosa; esfuerzo que es la base bruta de la historia. Nos une también la comunidad, mucho más profunda, de la emoción cotidiana ante el mismo ob-

160

jeto natural. El choque de la sensibilidad con el mismo mundo labra, engendra un alma común. Pero cuando no se aceptara lo uno ni lo otro —ni la obra de la acción común, ni la obra de la contemplación común—, convéngase en que la emoción histórica es parte de la vida actual, y, sin su fulgor, nuestros valles y nuestras montañas serían como teatros sin luz. El poeta ve, al reverberar de la luna en la nieve de los volcanes, recortarse sobre el cielo el espectro de [... los innumerables mitos y ensoñaciones colectivas forjados por los antiguos grupos indígenas que poblaron el territorio]: no le neguemos la evocación, no desperdiciemos la leyenda. Si esa tradición nos fuere ajena, está como quiera en nuestras manos y sólo nosotros disponemos de ella.[4]

[4] Reyes, *México en una nuez...*, *op. cit.*, pp. 35-36.

BIBLIOGRAFÍA

Aguilar Camín, Héctor, "La invención de México. Notas sobre nacionalismo e identidad nacional", *Nexos,* julio de 1993, pp. 49-68.

Alamán, Lucas, *Historia de Méjico* (primera edición, 1849-1852), Jus, México, 1986, 5 vols.

Alvarado Tezozómoc, Fernando, *Crónica Mexicayotl,* texto náhuatl y traducción de A. León, Imprenta Universitaria, México, 1949.

Balbuena, Bernardo de, *Grandeza mexicana,* Universidad Nacional Autónoma de México, México, 1963.

Baudot, Georges, "La antigua palabra de México en su camino hasta nuestros días", *Memorias de la Academia Mexicana de la Historia,* t. XXXVIII, 1995, pp. 129-139.

Benítez, Fernando, *La ciudad de México,* Salvat, México, 1982.

Boturini Benaducci, Lorenzo, *Idea de una nueva historia general de la América septentrional,* estudio preliminar de Miguel León-Portilla, Porrúa, México, 1974.

Brading, David A., *Los orígenes del nacionalismo mexicano* (primera edición, 1973), Era, México, 1980.

——, *Una Iglesia asediada: el obispado de Michoacán, 1749-1810,* FCE, México, 1994.

Bustamante, Carlos María de, *Cuadro histórico de la Revolución mexicana,* edición facsimilar de la de J. Mariano Lara, FCE, México, 1985, 5 vols.

Carrera Stampa, Manuel, *El escudo nacional,* Secretaría de Gobernación, México, 1994.

Caso, Alfonso, "El águila y el nopal", *Memorias de la Academia Mexicana de la Historia,* t. V, 1946, p. 101.

Cavo, Andrés, *Historia de México,* Patria, México, 1949.

Códice borbónico, Siglo XXI, México, 1980.

Códice Borgia, FCE, México, 1993.

Códice Fejérváry-Mayer, en Kingsborough, *Antigüedades de México,* edición e interpretación de José Corona Núñez, Secretaría de Hacienda y Crédito Público, México, 1967.

Códice mendocino, en Kingsborough, *Antigüedades de México,* edición e interpretación de José Corona Núñez, Secretaría de Hacienda y Crédito Público, México, 1964, vol. I.

Códice Ramírez. Relación del origen de los indios que habitan esta Nueva España según sus historias, Leyenda, México, 1994.

Conde, José Ignacio, y María Teresa Cervantes, "Nuestra Señora de Guadalupe en el arte", *Álbum del 450 aniversario de las apariciones de Nuestra Señora de Guadalupe,* Buena Nueva, México, 1981.

Cortés, Hernán, *Cartas de relación,* edición al cuidado de Maria Vittoria Calvi, Instituto Editoriale Cisalpino, Milán, 1988.

Cuadriello, Jaime, *Maravilla americana. Variantes de la iconografía guadalupana,* Patronato Cultural de Occidente, México, 1984.

———, "Los jeroglíficos de Nueva España", en *Juegos de ingenio y agudeza. La pintura emblemática de la Nueva España,* Museo Nacional de Arte, México, 1994, pp. 91-96.

———, "Visiones en Patmos Tenochtitlán: la mujer águila", en "Visiones de Guadalupe", *Artes de México,* núm. 29, 1995, pp. 10-22.

Diccionario Porrúa de historia, biografía y geografía de México, México, 1964.

Durán, fray Diego, *Historia de las Indias de Nueva España e islas de la tierra firme,* ed. de Ángel Ma. Garibay K., Porrúa, México, 1967.

Duverger, Christian, *El origen de los aztecas,* trad. de Carmen Arizmendi, Grijalbo, México, 1987.

Fernández Tejero, Isabel, y María del Carmen Nava Nava, "He de comer de esa tuna. Ensayo histórico iconográfico sobre el escudo nacional", 1996, 21 pp. 10-17 (inédito).

Fernández, Miguel Ángel, *La Jerusalén Indiana. Los conventos-fortaleza mexicanos del siglo XVI,* edición privada de Smurfit Cartón y Papel de México, México, 1992.

Flores Olague, Jesús, *Ceniza del alba,* El Trapecio Oscilante, México, 1995.

Florescano, Enrique, "Les origines de la mémoire nationale. La célébration du triomphe de l'indépendance en 1821", en François Xavier Guerra (comp.), *Mémoires en Devenir. Amérique Latine XVIe-XXe siècle,* Maison des Pays Ibériques, Burdeos, 1994, pp. 157-176.

————, *Memoria mexicana,* FCE, México, 1994.

————, *El mito de Quetzalcóatl,* FCE, México, 1995.

Florescano, Enrique, y Rafael Rojas, *El ocaso de la Nueva España,* Editorial Clío Libros y Videos, México, 1996.

Freidel, David, Linda Schele, y Joy Parker, *Maya Cosmos. Three Thousand Years on the Shaman's Path,* William Morrow and Company, Nueva York, 1993.

García, Genaro, *Don Juan de Palafox y Mendoza. Obispo de Puebla y Osuna, visitador y virrey de la Nueva España,* Gobierno de Puebla-Secretaría de Cultura, Puebla, 1991.

García Martínez, Bernardo, *Los pueblos de la sierra. El poder y el espacio entre los indios del norte de Puebla hasta 1700,* El Colegio de México, México, 1987.

Garza de León, Aldegundo, Mercedes de la Garza, y Xavier Noguez, *The Golden Eagle. Strength and Wind,* Seguros Comercial América, Editorial Jilguero, México, 1995.

Gazeta de México, México, 1728 y 1732, núms. 1 y 50.

González Angulo, Jorge, "El criollismo y los símbolos urbanos", *Historias,* 26, abril-septiembre de 1991, pp. 73-81.

González Moreno, Joaquín, *Iconografía guadalupana,* OMGSA, México, 1989.

González Obregón, Luis, *La vida en México en 1810,* Librería de la Vda. de Ch. Bouret, México, 1911.

———, *Los procesos militar e inquisitorial del padre Hidalgo y otros caudillos insurgentes,* Ediciones Fuente Cultural, México, 1953.

Graulich, Michel, *Mythes et rituels du Mexique ancien préhispanique,* Palais des Académies, Bruselas, 1982.

Guzmán Pérez, Moisés, *La Junta de Zitácuaro, 1811-1813. Hacia la institucionalización de la insurgencia,* Universidad Michoacana de San Nicolás de Hidalgo, Morelia, 1994.

Handelman, Don, y Lea Shangar-Handelman, "Shaping Time: The Choice of the National Emblem of Israel", en Emikho Ohnuki-Tierney (comp.), *Culture Through Time. Anthropological Approaches,* Stanford University Press, Stanford, 1990, pp. 193-226.

Hernández y Dávalos, J. E., *Colección de documentos para la historia de la independencia de México, de 1808 a 1821,* José María Sandoval, impresor, México, 1877, t. I.

Herrejón, Carlos, *Morelos, antología documental,* Secretaría de Educación Pública, México, 1985.

———, "Les origines du discours civique mexicain", *Cahiers du Centre du Recherches Historiques,* núm. 14/15, abril-octubre de 1995, pp. 4-6.

Heyden, Doris, *México, origen de un símbolo. Mito y simbolismo en la fundación de México-Tenochtitlán,* Colección Distrito Federal, México, 1988.

Honour, Hugh, *The New Golden Land. European Images of*

America from the Discoveries to the Present Time, Pantheon Books, Nueva York, 1975.

Hobsbawn, Eric, y Terence Ranger (comps.), *The Invention of Tradition,* Cambridge University Press, Nueva York, 1984.

Iguíniz, Juan B., *El escudo de armas nacionales,* Librería de Ch. Bouret, México, 1920.

Imágenes guadalupanas. Cuatro siglos, Centro Cultural de Arte Contemporáneo, México, 1987.

Jiménez Condinach, Guadalupe, *México, su tiempo de nacer, 1750-1821,* Fomento Cultural Banamex, México, 1997.

Kirchhoff, Paul, Linda Odena G., y Luis Reyes García, *Historia tolteca chichimeca,* INAH-CISINAH-SEP, México, 1976.

Klor de Alva, Jorge, "Spiritual Conflict and Accomodation in New Spain: Toward a Typology of Aztec Responses to Christianity", en George A. Collier, Renato I. Rosaldo, y John D. Wirth (comps.), *The Inca and Aztec States 1400-1800: Anthropology and History,* Academic Press, Nueva York, 1982, pp. 345-366.

La bandera de México, Miguel Ángel Porrúa Editor, México, 1985.

Lafaye, Jacques, *Quetzalcóatl y Guadalupe. La formación de la conciencia nacional en México,* FCE, México, 1977.

Las pinturas murales de Ixmiquilpan, Gobierno del Estado de Hidalgo, Pachuca, 1992.

Lemoine Villicaña, Ernesto, *Morelos y la revolución de 1810,* Gobierno del Estado de Michoacán, Morelia, 1978.

———, *Morelos. Su vida revolucionaria a través de sus escritos y de otros testimonios de la época,* Universidad Nacional Autónoma de México, México, 1985.

León-Portilla, Miguel, *Los antiguos mexicanos a través de sus crónicas y cantares,* FCE, México, 1961.

Lockhart, James, *The Nahuas after the Conquest,* Stanford University Press, Stanford, 1992.

López Austin, Alfredo, "El milagro del águila y el nopal" en *El conejo en la cara de la luna. Ensayos sobre mitología de la tradición mesoamericana,* Consejo Nacional para la Cultura y las Artes, México, 1994, pp. 59-60.

———, "El águila y la serpiente", en Enrique Florescano (comp.), *Mitos mexicanos,* Aguilar, México, 1995, pp. 15-20.

Los grabados de la historia antigua de México, México, 1980, contraportada.

Manuscrit Tovar. Origines et Croyances des Indiens du Mexique, ed. de Jacques Lafaye, Akademische Druck-Verlagsanstalt Graz, Austria, 1972.

Marcus, Joyce, *Mesoamerican Writing Systems. Propaganda, Myth and History in Four Ancient Civilizations,* Princeton University Press, Princeton, 1992.

Matos Moctezuma, Eduardo, "Symbolism of the Templo Mayor", en Elizabeth Hill Boone (comp.), *The Aztec Templo Mayor,* Dumbarton Oaks Research Library and Collection, Washington, 1987, pp. 185-209.

Maza, Francisco de la, *El guadalupanismo mexicano,* FCE, México, 1984.

Meier, Matt S., "María Insurgente", *Historia Mexicana,* vol. XXVIII, núm. 3, 1974, pp. 446-482.

Meissner, Jochen, "De la representación del reino a la Independencia. La lucha constitucional de la élite capitalina de México entre 1761 y 1827", *Historia y Grafía,* núm. 6, 1996, pp. 11-35.

Mier, Servando Teresa de, *Cartas de un americano, 1811-1812,* nota previa de Manuel Calvillo, Partido Revolucionario Institucional, México, 1976.

———, *Obras completas. I: El heterodoxo guadalupano,* estudio preliminar y selección de textos de Edmundo

O'Gorman, Universidad Nacional Autónoma de México, México, 1981.

Mier, Servando Teresa de, *Historia de la revolución de Nueva España,* edición crítica, A. Saint-Lu, y M. C. Bénassy-Berling (coords.), Publications de la Sorbonne, París, 1990.

Nebel, Richard, *Santa María Tonatzin Virgen de Guadalupe. Continuidad y transformación religiosa en México,* FCE, México, 1995.

Noriega Elio, Cecilia (comp.), *El nacionalismo en México,* El Colegio de Michoacán, Zamora, 1992.

O'Gorman, Edmundo, *Seis estudios de tema mexicano,* Universidad Veracruzana, México, 1960.

———, *Destierro de sombras. Luz en el origen de la imagen y el culto de Nuestra Señora de Guadalupe del Tepeyac,* Universidad Nacional Autónoma de México, México, 1986.

Ocampo, Javier, *Las ideas de un día. El pueblo mexicano ante la consagración de su independencia,* El Colegio de México, México, 1969.

Paso y Troncoso, Francisco del, *Descripción, historia y exposición del "Códice borbónico",* con un comentario explicativo de E. T. Hamy, Siglo XXI, México, 1979.

Philippe, Lucien, "The French Tricolor and its Influence Throughout the World", *The Flag Bulletin,* 10, 1971, pp. 55-68.

Pintura del gobernador, alcaldes y regidores de México. Códice en jeroglíficos mexicanos y en lengua castellana y azteca existente en la biblioteca del Exmo. señor Duque de Osuna, Imprenta de Manuel G. Hernández, Madrid, 1878.

500 planos de la ciudad de México, 1325-1933, SAHOP, México, 1982.

Reents-Budet, Dorie, *Painting the Maya Universe: Royal Ceramics of the Classic Period,* Duke University Press, Londres, 1994.

Reyes, Alfonso, "Visión de Anáhuac", en *México en una nuez y otras nueces,* FCE, México, 1996 (Fondo 2000).

Reyes Valerio, Constantino, *Arte indocristiano. Escultura del siglo XVI en México,* Instituto Nacional de Antropología e Historia, México, 1978.

Ricard, Robert, *La conquista espiritual de México,* Jus Polis, México, 1947.

Ripa, Cesare, *Iconología,* Akal, Madrid, 1987, 2 vols.

Rivera Cambas, Manuel, *México pintoresco, artístico y monumental,* Biblioteca de Arte Ricardo Pérez Escamilla, México, 1883.

Rodríguez, Jaime E. (comp.), *Mexico in the Age of Democratic Revolution 1750-1850,* Lynne Reinner Publishers, Boulder y Londres, 1994.

Rozart Dupeyron, Guy, *Indios imaginarios e indios reales en los relatos de la conquista de México,* Tava Editorial, México, 1993.

"San Lorenzo Río Tenco ¿cuna del escudo nacional?", *Mester de México,* año 1, octubre-noviembre de 1990, pp. 47-48.

Sánchez, Miguel, "Imagen de la virgen María Madre de Dios de Guadalupe, milagrosamente aparecida en la ciudad de México...", en Ernesto de la Torre Villar, y Ramiro Navarro de Anda (comps.), *Testimonios históricos guadalupanos,* FCE, México, 1982, pp. 152-281.

Schele, Linda, "The Olmec Mountain and Tree of Creation in Mesoamerican Cosmology", en *The Olmec World. Ritual and Rulership,* The Art Museum, Princeton, 1996, pp. 105-119.

Schele, Linda, y Mary Ellen Miller, *The Blood of Kings. Dinasty and Ritual in Maya Art,* George Braziller Inc., Nueva York, 1986.

Schmitt, Carl, *El nomos de la tierra en el derecho de gentes del "Jus publicum europaeum",* Centro de Estudios Constitucionales, Madrid, 1979.

Sebastián, Santiago, *Iconografía del indio americano, siglo XVI-XVII,* Ediciones Tuero, Madrid, 1992.

Taylor, William B., "The Virgin of Guadalupe in New Spain: An Inquiry into the Social History of Marian Devotion", *American Ethnologist,* vol. 14, 1987, pp. 9-33.

Terán, Marta, "El águila y la serpiente en las composiciones guadalupanas de los siglos XVII al XIX", ponencia presentada en el Congreso Internacional de Historia de las Religiones, México, 10 de agosto de 1995. De próxima publicación en la revista *Historias.*

Val Julián, Carmen, y Alain Musset, "De la Nouvelle-Espagne au Mexique: naissance d'une geopolitique", en *Decouvertes et explorateurs, Actes du Colloque International,* L'Harmattan, París, 1994, pp. 67-82.

Valeri, Valerio, "Constitutive History: Genealogy and Narrative in the Legitimation of Hawaian Kingship", en Emikho Ohnuki-Tierney (comp.), *Culture Through Time. Anthropological Approaches,* Stanford University Press, Stanford, 1990, pp. 154-164.

Vargaslugo, Elisa, "Notas sobre Iconología guadalupana", en *Imágenes guadalupanas. Cuatro siglos,* Centro Cultural de Arte Contemporáneo, México, 1987, pp. 57-178.

Vasconcelos, José, *Breve historia de México,* Botas, México, 1937.

Vázquez de Knauth, Josefina, *Nacionalismo y educación en México,* El Colegio de México, México, 1970.

Viera, Juan de, *Breve compendiosa narración de la ciudad de México,* prólogo y notas de Gonzalo Obregón, Editorial Guarania, México-Buenos Aires, 1952.

Villoro, Luis, "La revolución de Independencia", *Historia general de México,* El Colegio de México, México, 1981, 2 vols., t. I., pp. 637-639.

———, *El proceso ideológico de la revolución de Independencia,* Universidad Nacional Autónoma de México, México, 1981.

171

Viroli, Maurizio, *For Love of Country. An Essay on Patriotism and Nationalism,* Clarendon Press, Oxford, 1995.

Vogt, Evon Z., "Cardinal Directions and Ceremonial Circuits in Mayan and Southwestern Cosmology", *National Geography Society Research,* vol. 21, 1985, pp. 487-496.

Weitman, Sasha R., "National Flags: A Sociological Overview", *Semiotica,* VIII, 4, 1973, pp. 328-367.

Wolf, Eric R., "Closed Peasant Communities in Mesoamerica and Central Java", *Southwestern Journal of Anthropology,* vol. 13, núm. 1, 1957, pp. 1-19.

————, "The Virgin of Guadalupe: A Mexican National Symbol", *Journal of American Folklore,* American Folklore Society, Washington, 1987, pp. 34-39.

Zavala, Silvio, *Apuntes de historia nacional, 1808-1974* (primera edición, 1940-1943), FCE, México, 1990.

ÍNDICE

Este libro se terminó de imprimir y encuadernar en el mes de octubre de 1999 en Impresora y Encuadernadora Progreso, S. A. de C. V. (IEPSA), Calz. de San Lorenzo, 244; 09830 México, D. F. Se tiraron 1 000 ejemplares.